ANSELM GRÜN
FRIEDRICH ASSLÄNDER



# A arte de ser mestre de si mesmo para ser líder de pessoas

Tradução de Carlos Almeida Pereira

Nobilis
VOZES

Título do original alemão: *Spirituell führen mit Benedikt und der Bibel*

Direitos de publicação em língua portuguesa:
2008, Editora Vozes Ltda.
Rua Frei Luís, 100
25689-900 Petrópolis, RJ
Internet: http://www.vozes.com.br
Brasil



**Diretor editorial**
Frei Antônio Moser

**Editores**
Aline dos Santos Carneiro
José Maria da Silva
Lídio Peretti
Marilac Loraine Oleniki

**Secretário executivo**
João Batista Kreuch

*Editoração*: Sheila Ferreira Neiva
*Projeto gráfico*: AG.SR Desenv. Gráfico
*Capa*: WM design

ISBN 978-85-326-3686-7 (edição brasileira)
ISBN 978-3-87868-083-3 (edição alemã)

Editado conforme o novo acordo ortográfico.

Este livro foi composto e impresso pela Editora Vozes Ltda.

# Sumário

# Prefácio

*Anselm Grün*

*Liderar não significa tirar das pessoas tudo quanto seja possível, a fim de que o trabalho renda o máximo. Infelizmente é assim que por vezes se pensa em administração. Só conseguirá conduzir outros aquele que souber conduzir bem a si próprio, que estiver bem consigo mesmo, que estiver disposto a ter confiança em seus colaboradores. Aquele que deseja conduzir outros tem que possuir a capacidade de sentir como eles pensam, precisa refletir como conseguirá despertar a vida que se encontra presente em cada um.*

*Entendida dessa maneira, a administração representa para a pessoa um grande desafio espiritual. Exige que nos tornemos conscientes de nossas próprias emoções e necessidades, para evitar que simplesmente sejam projetadas sobre os colaboradores. É indispensável adquirirmos uma grande honestidade em nos autoencontrar e nos autoconhecer para sermos capazes de dirigir outras pessoas. Se me faltar o autoconhecimento, terminarei por enxergar nos colaboradores minhas necessidades reprimidas e por combatê-las neles.*

*Todo líder, constantemente se vê confrontado com as emoções e os problemas dos seus colaboradores. Só quem trilha um caminho espiritual, e que no silêncio sabe distanciar-se daquilo que o oprime no trabalho, é que não se deixa contaminar por isso, mas consegue liderar com clareza.*

*Para mim, como monge, uma fonte inesgotável é a* **Regra de São Bento**, *onde sempre de novo posso inspirar-me, quando penso em minha própria tarefa de liderança em Münsterschwarzach. Não* *consigo nunca satisfazer ao que São Bento escreve sobre o celeireiro. Mas considero suas explicações o objetivo que desejo alcançar. Sempre de novo percebo como este objetivo me deixa fascinado e me confere vida.*

*A outra fonte é a* **Sagrada Escritura.** *Também ela é para mim inesgotável. Nela, eu sempre descubro novos caminhos, novas fontes de sabedoria, que podem ser úteis para minha vida no dia a dia.*

*Em minhas ocupações diárias como celeireiro, responsável pelos assuntos econômicos do convento, eu tento unir o trabalho à* **oração**, *como é recomendado no* Ora et labora *(Ora e trabalha) de São Bento. Aqui eu experimento a oração como uma fonte para o trabalho, e também como uma ajuda para constantemente refletir sobre meu trabalho na presença de Deus*

*E eu sinto, não em último lugar, que o próprio trabalho é uma tarefa espiritual. Pois nele não se trata de colocar-me no centro. Pelo contrário, tenho que me envolver com as pessoas e com seus projetos concretos, para servir às pessoas e à causa. E isto eu só o consigo quando me desligo do meu ego e deixo espaço dentro de mim para o Espírito de Deus.*

*No presente livro deverá ser considerado o desafio que representa para nós a liderança de pessoas: o próprio ato de liderar pode sustentar-nos no caminho espiritual. E a espiritualidade também deve ser vista, ao mesmo tempo, como uma ajuda para que possamos liderar de uma maneira mais humana, e também mais eficaz.*

*Hoje todos dizem que os colaboradores constituem o capital mais importante que a empresa possui. Muitas vezes, porém, isto é dito apenas da boca para fora. De fato, muitas vezes este capital é explorado, e não é bem "aplicado". Quando alguém se comporta espiritualmente, fazer justiça aos colaboradores torna-se mais fácil para ele do que para quem visa apenas a maximização do lucro. Esta atitude adquire um sentido para os colaboradores, e dessa forma é possível liderá-los e orientá-los melhor. Isto não irá oprimi-los, mas despertará vida neles, para sua maior alegria. A vida que flui nos colaboradores não apenas os tornará mais vivos, mas em última análise será de utilidade também para a empresa, tornando-a a longo prazo mais competitiva.*

*Desse modo, a espiritualidade sempre é uma e outra coisa: a fonte onde podemos nos inspirar, e a reação à vida diária, que nos monopoliza. A espiritualidade mostra-nos como podemos reagir à realidade do nosso dia a dia, como podemos viver, em vez de sermos levados pela vida. Ela nos ajuda a não nos deixarmos determinar pelos problemas, mas a deixarmos sempre nossa marca sobre tudo quanto vem de fora ao nosso encontro, como dificuldade ou como desafio.*

# Prefácio

*Friedrich Assländer*

"Cada vez mais", "cada vez maior", "cada vez mais rápido!" Estes chavões transformaram-se em espetáculo de horror para as pessoas – sobretudo para as que ocupam postos de responsabilidade. Os processos das empresas são realizados com uma pressa cada vez maior, a responsabilidade nos dias que são dedicados à liderança aumenta cada vez mais, e o colaborador precisa apresentar um rendimento sempre maior. Onde iremos encontrar a necessária força e orientação para conseguirmos tudo quanto é exigido de nós?

O presente livro pretende dar uma resposta a esta pergunta – partindo da experiência espiritual dos autores e também das citações concretas da Bíblia e da Regra de São Bento sobre temas como "liderança" e "orientação de vida". Numa época em que as transformações ocorrem numa velocidade vertiginosa e as antigas estruturas cada vez mais deixam de funcionar, passa a ser cada vez mais importante o caminho para o interior, para nossas raízes e fontes espirituais – para a nossa espiritualidade.

Dentro deste contexto, a espiritualidade significa que nós podemos apelar para alguma coisa mais abrangente que nos sustenta – que independe das confusões externas e das fraquezas humanas –, para algo que em nossa cultura chamamos de "Deus". Sempre estivemos e sempre estaremos ligados a essa dimensão religiosa e espiritual, e a todo momento poderemos ativá-la e pô-la em prática. E a espiritualidade não pode desvincular-se do profano nem do quotidiano. Ela, pelo contrário, se manifesta no quotidiano e nos lugares em que nos encontramos, sendo vivida no "agora", em todos os momentos. Oração e meditação são exercícios religiosos importantes, nos quais nós conscientemente retornamos a essas raízes espirituais. Podemos usá-las para nos abastecer, para "recarregar nossas baterias", mas é no trabalho diário e na convivência com as pessoas com quem lidamos "aqui" e "agora" que os exercícios espirituais produzem seus verdadeiros frutos.

É assim que devem ser entendidas também as orientações práticas deste livro. Elas facilitam o trabalho. Mas o que importa é a atitude espiritual a partir da qual nós agimos.

No dia a dia, a espiritualidade pode ser vista quando pessoas comuns realizam trabalhos inteiramente comuns de uma forma extraordinariamente incomum. A dedicação a uma tarefa que para nós parece possuir sentido e valor pode enriquecer-nos de uma forma profundamente pessoal. O que acontece então é o sucesso. Ou: haveremos de colher o que semeamos.

Nós, autores, gostaríamos de inspirar coragem para as pessoas se abrirem à dimensão religiosa do ser humano e levarem esta experiência para o trabalho diário.

Neste livro o arco deve ser estendido da "religião" – como ligação a algo maior, mais abrangente – até ao quotidiano da direção. As orientações encontradas na Bíblia, na Regra de São Bento e nas experiências dos autores estão relacionadas com o dia a dia. As orientações práticas para o exercício espiritual e as pistas efetivas para o cotidiano profissional deverão facilitar essa transferência.

# Instruções para usar este livro

Antes de iniciar a leitura desta obra, mais algumas dicas:

• Os exercícios nos diferentes capítulos constituem uma proposta, da qual você poderá se sentir livre para escolher um. De forma alguma você deve fazer todos os exercícios, ou exercícios demais ao mesmo tempo. O proveito será maior se você se concentrar no essencial, isto é, no exercício que na atual situação prometa melhores resultados. Caso mantenha um exercício por um tempo mais longo – no mínimo por um mês –, ele será interiorizado e se transformará em hábito. Você poderá, então, concentrar-se no exercício seguinte.

• O Novo Testamento nos oferece um bom número de propostas práticas para organizar melhor a vida. Mas a Bíblia, toda ela, também é uma orientação prática para se viver bem. Muitas parábolas e orientações indicam onde devemos nos concentrar para que tudo corra bem. Por isso são incluídas referências às passagens correspondentes da Bíblia.

• Com o intuito de chegar-se a uma leitura mais fluente, renunciamos a mencionar ambos os sexos, optando sempre pela forma masculina. Que as leitoras queiram perdoar-nos por isso.

• É indicada a autoria das diferentes partes do livro. Os textos em escrita normal (não itálico) são provenientes de Friedrich Assländer, *os textos em itálico* foram escritos por Anselm Grün.

# 1
# Liderar e ser liderado

*Saiba o abade que é atribuído à culpa do pastor tudo aquilo que o pai de família puder encontrar de menos no progresso das ovelhas.*
Regra de São Bento 2,7

*[...] faça-se em mim segundo tua palavra*
*Lc 1,38*

## 1.1 Liderar os outros

Como é que se "lidera"? As muitas definições existentes para o conceito da "liderança" quase sempre incluem dois aspectos. São eles: (1) influenciar a conduta e (2) orientar para um objetivo. Numa formulação abreviada podemos dizer que: **Liderança é o influenciar pessoas em vista de um objetivo.** Com isto, deixando de lado as muitas teorias e ideologias referentes à liderança, o tema pode ser reduzido a dois elementos decisivos: **metas e influência.**

Esta definição, no entanto, é para ser entendida como uma unidade. Os objetivos incluem não somente as metas da empresa, mas também as pessoas envolvidas – incluindo os próprios líderes. O influenciar aplica-se também ao desenvolvimento da personalidade dos liderados e dos líderes. Abrange também a dimensão do ser liderado, a consciente aceitação e admissão.

As metas da empresa servem de orientação e de bússola para os colaboradores e a organização. Particularmente importantes são aqui, antes de tudo, não as metas estabelecidas anualmente, nem os planejamentos de médio e longo prazo, mas sim as metas básicas que definem a identidade da empresa. Pertencem a este número a finalidade, a visão e os valores que se apresentam no modelo da empresa, que no caso ideal são vistos como meta permanente. Devemos aqui interrogar-nos: Quem somos nós, quem queremos ser? Em que desejamos ser avaliados? Que contribuição damos nós às pessoas – aos nossos clientes e aos nossos colaboradores – e em favor do contexto social da empresa?

Na avaliação do rendimento da empresa, as metas que podem ser quantificadas ou medidas não deixam de possuir sentido, mas para a determinação do rumo a importância delas é secundária. Essencial é o plano espiritual – o plano dos valores e das visões – que levam a ação da empresa para dentro de um contexto maior.

Vale a pena refletirmos o que é que caracteriza uma empresa que já atua com sucesso ao longo de vários anos. Em todas as empresas tradicionais encontramos princípios e fundamentos **orientados para os valores** – que estabelecem a maneira de conviver e a qualidade do serviço para fora. É bem conhecida a Regra de São Bento, que há 1.500 anos lidera os conventos dos beneditinos, e que até o dia de hoje não somente produz vida espiritual mas também êxito econômico. Conhecidos são também os princípios de Robert Bosch – por exemplo, com sua divisa: "Prefiro perder dinheiro a perder a confiança dos meus clientes". Para a empresa Freudenberg, com seus mais de 30.000 colaboradores, desde a fundação, há mais de 150 anos, um fator de substancial importância é a responsabilidade social. Já o casal fundador estabeleceu um fundo de apoio, como expressão "da avaliação do trabalho comum dos colaboradores".

Nos casos de fusão e de venda de empresas, muitas vezes se procede muito levianamente com essa identidade. Não se percebe que a identificação dos colaboradores com a empresa – e com ela sua motivação e engajamento – se perde quando a própria empresa perde sua identidade. O líder de uma empresa química expressou-se com estas palavras: "Há 30 anos que eu trabalho nesta empresa; entretanto, já é a quarta, pois três vezes mudamos de nome. Não tenho mais disposição para me esgotar trabalhando em favor de acionistas sedentos de dinheiro". Quando o líder pensa dessa maneira, não é difícil imaginar como pensam os colaboradores. Crescentes problemas de qualidade eram um claro indício do mau clima na empresa.

História, tradição, valores e princípios vividos constituem a realidade viva de uma empresa ou de uma organização. (Logotipo e marca registrada não são mais do que os símbolos, os sinais externos). Liderar significa fazer com que os valores se tornem conscientes e exigir que eles sejam observados. É dessa forma que surge a cultura da empresa. Quando não se enxerga outra coisa senão os números, está se deixando de ver o essencial. Numa "cultura de números", a liderança – principalmente quando deseja ser motivadora – torna-se cada vez mais difícil, porque as pessoas não vêem muito sentido em apresentar números de balanço cada vez mais elevados, ou em aumentar a fortuna de outros.

Nos seminários de liderança, com frequência as possibilidades de influenciar pessoas se reduzem a esta pergunta: "Que devo fazer para que os outros façam o que eu quero?" A isto se dá o nome de "motivação". Por trás disto se esconde a ideia mecanicista de que as pessoas podem ser movidas como máquinas, contanto que se conheça o "modo de usá-las". Na escola esta visão mecanicista é ensinada, mas no dia a dia encontramos problemas quando este modelo não nos faz avançar – sobretudo na convivência com as pessoas.

---

### Exercício

**Como é que fui liderado?**

*1) Escreva os nomes de três a cinco pessoas pelas quais você foi liderado.*

*2) Anote os comportamentos e as atividades concretas dessas pessoas experimentados por você como lideranças.*

*3) Avalie cada comportamento, da maneira como o vê hoje:*

++ *foi para mim muito favorável e útil;*

\+ *foi para mim útil;*

\- *não foi tão útil para mim;*

-- *foi para mim muito problemático;*

+/- *foi útil e problemático ao mesmo tempo.*

*4) Que valores, princípios e dogmas de fé lhe foram transmitidos com isso?*

*5) Anote quais dessas experiências continuam atuando hoje em seu próprio comportamento de liderança, e quais você gostaria de melhorar ou de evitar.*

---

Mas nós podemos apelar para nossas próprias experiências de liderança – observando como fomos liderados por nossos pais, professores, treinadores, colegas, cônjuges. Como foi que essas pessoas influenciaram meu comportamento? O que eu experimentei como positivo e o que experimentei como negativo? Que foi que essas pessoas fizeram concretamente, e que hoje poderia ser denominado liderança?

As possibilidades de liderar – ou as maneiras de influenciar – são tão variadas quanto o comportamento humano em geral. Muitas pessoas, por exemplo, ficam caladas e provocam sentimentos de culpa com o olhar. Outras falam alto.

Elogio e reconhecimento quase sempre são considerados como benéficos e estimulantes. Quando temos admiração por alguém, tentamos imitar seu comportamento, que se transforma em modelo.

Três condições se comprovam importantes para a liderança:

• **O estabelecimento de uma relação entre as pessoas.** Relações entre as pessoas se estabelecem por meio de uma boa comunicação, isto é, quando além do plano objetivo ou de conteúdo também ocorre um contato emocional. Sentimentos como simpatia – mas também antipatia – levam as relações a se humanizarem. A condição para isso é a capacidade de admitir os sentimentos e de demonstrá-los.

• **As metas passam a funcionar como expectativas ou exigências.** As metas – que como *management by objectives* constituem um modelo clássico da liderança – possuem uma função fundamental. Elas orientam e dirigem as forças numa direção determinada. Deveríamos primeiro aprender a impor metas a nós mesmos e pô-las em prática, antes de as impormos aos colaboradores. Metas próprias concretizam o trabalho em nós mesmos e conferem-nos credibilidade como líderes. Há 2.000 anos Sêneca observava: “Se alguém não sabe a que porto deseja chegar, para ele nenhum vento é favorável”.

• **O comportamento é observado e avaliado, e a avaliação é transmitida ao liderado.** O conjunto de metas e realimentação –

muitas vezes chamada de *feedback* – é um modelo simples, mas muito prático de liderança. Assim como temos necessidade de um espelho para ver nossa face, assim também precisamos da realimentação por parte dos outros para podermos avaliar nosso comportamento. As pessoas experimentam a realimentação como valorização e tornam-se cada vez mais seguras quando sabem como são vistas e avaliadas pelas outras.

No contexto empresarial, liderar significa obter rendimento e colaboração dos cooperadores. Numa linguagem informal: os líderes precisam tomar providências para que o trabalho seja realizado. Para o líder, por conseguinte, trata-se de uma questão decisiva: como podemos influenciar as pessoas de tal modo que elas desenvolvam na empresa os trabalhos desejados? Assim, estamos nos referindo às maneiras de influenciar eficazmente – como, por exemplo, o estilo, a comunicação, os princípios e a forma da liderança. Esta parte, um tanto mecanicista, mas de uso diário e constante, precisa ser completada pelos questionamentos voltados para a ética, o sentido, os aspectos integrais e sistêmicos, e as dimensões espirituais da liderança.

A maioria das pessoas associam liderança ou chefia a ideias de mando ou de subordinação. O mando numa posição de liderança acarreta a obrigação de exercer a chefia e de aceitar o poder que a isto está associado. Só assim as organizações podem funcionar. Quando o líder não aceita esta função, isto não apenas prejudica a eficiência na realização das tarefas, mas acarreta também efeitos negativos sobre os liderados. O exercício da liderança transmite segurança e orientação aos colaboradores, sob o ponto de vista profissional e social.

Objetivos econômicos, também os que envolvem dinheiro – como lucro, ou, nas empresas não orientadas para o lucro, como redução de despesas – são existencialmente necessários. Quando tais metas se transformam em finalidade própria, quando o aumento ou a maximização dos lucros passa a ser "adorada" como um "bezerro de ouro", deixa-se de perceber o essencial, o sentido mais profundo e moralmente legitimado da empresa, a saber, produzir bens em favor das pessoas. Quando se perde a orientação para os seres humanos, isto se manifesta no estilo de chefia e na imagem que se tem do homem. Colaboradores passam a ser considerados como gastos, e demiti-los é um meio de redução dos custos.

Uma boa liderança enxerga não somente o todo e sua ligação a conjuntos maiores, mas também a pessoa individual. Liderar sempre significa despertar vida no liderado e estar a seu serviço, como exigido por Jesus. É nisto que consiste o verdadeiro desafio. Quando o ser humano é visto como um ser espiritual, como imagem de Deus, então o desenvolvimento das pessoas – e com isso o líder – passa a ser essencialmente uma tarefa espiritual, a que podemos corresponder tanto melhor quanto mais conseguirmos ver e aceitar nossa própria vida como um desafio espiritual.

## 1.2 Liderar a si próprio

A capacidade de autoliderar-se constitui a condição básica para liderar os outros. Frequentemente se subestima a importância da autocondução – o trabalho sobre si mesmo. Preferimos exigir que os outros se modifiquem: o líder, os colaboradores, a política, o Estado.

A autoliderança inclui a maneira de lidarmos com o tempo, a auto-organização, o próprio desenvolvimento emocional, social e espiritual. Disto faz parte, por exemplo, a autodisciplina, o estar orientado para os valores, além de uma boa comunicação. Melhorar continuamente, é esta a tarefa básica e decisiva do líder. Saber se conduzir; e este é o caminho para a personalidade do líder, para que ele tenha credibilidade e aceitação.

**Assim como eu convivo comigo mesmo, também convivo com os outros.** De maneira análoga a esta conhecida experiência, também se pode dizer que: **Assim como eu me conduzo, da mesma maneira conduzo também os outros.** Os verdadeiros comportamentos, os hábitos (inclusive de pensamento), os sentimentos, valores, crenças, tudo isto é objeto do trabalho em si próprio. Para isso, os antigos gregos criaram o conceito de **ascese**: o prazer de a pessoa formar a si própria.

Hoje se fala mais de **desenvolvimento da personalidade.** Um papel-chave é desenvolvido aqui pela disciplina. A Hildegarda de

Bingen é atribuída esta frase: "Disciplina é a arte de sempre ser feliz". Isto foi redescoberto pelos psicólogos americanos quando procuraram identificar os fatores que tornam as pessoas felizes. Como condições importantes para a felicidade, eles mencionam os objetivos, a ordem e a disciplina. As pessoas satisfeitas impõem a si próprias objetivos exigentes, para os quais trabalham de uma forma disciplinada. O fato de se atingir o objetivo – a sensação de "haver chegado lá" – leva a pessoa a sentir-se feliz. Uma profunda satisfação interior acompanha as pessoas no caminho da meta. A tarefa da realização diária, a autossuperação e o esforço podem se transformar em um agir prazeroso. Esta experiência, que impulsiona a seguir em frente, é vivida por todo esportista nos seus treinamentos. Com o exercício disciplinado cresce também o sentimento do autovalor e da autoconsciência.

As personalidades dos líderes são procuradas. Quando as pessoas gostam de seguir seus líderes e de colaborar com eles, isto tem sua origem na personalidade do líder, e não nos truques que ele utiliza, os quais – quando de fato funcionam – logo passam a ser entendidos. As pessoas gostam de seguir alguém, quando sentem que este anda um pouco à sua frente. Os mais eficientes instrumentos de liderança são a irradiação e a função de modelo. São resultados da autodisciplina associada à competência social – que vê o outro como ele é – e à competência espiritual – que apoia o outro no seu desenvolvimento.

Erhard Meyer-Galow, químico e antigo presidente de um grupo de química, escreve na *Nachrichten aus der Chemie* [Notícias da Química], em fevereiro de 1999, a respeito da capacidade de se autoliderar: "A liderança sempre está relacionada com a condução da própria pessoa. [...] Isto é, eu lidero assim como eu sou – e não como fui treinado, pois os comportamentos impostos, que não estejam enraizados em minha personalidade, não duram muito. O desenvolvimento da própria pessoa é, pois, a verdadeira tarefa na vida, a dimensão mais profunda da liderança".

Nos seminários e textos sobre liderança nós nos deparamos hoje com conceitos como confiança, liderança autêntica, *coaching, mentoring* e temas semelhantes. Todos estes conceitos estão mais relacionados com a disposição, a atitude e a consciência do que com as técnicas da liderança. O **desenvolvimento da liderança** passa a ser cada vez mais um **desenvolvimento da consciência.** Com isto, surge a questão de como é possível desenvolver a consciência. É interessante ver como em todas as grandes religiões nós encontramos meios e normas que buscam favorecer as pessoas no desenvolvimento de sua personalidade. São instruções para uma prática espiritual, para a meditação e para a autorreflexão.

As mais conhecidas entre nós são a contemplação, como um recurso da mística cristã, e as formas de meditação zen, da tradição budista. Existem também várias técnicas de ioga que pretendem alcançar o mesmo objetivo de desenvolver a personalidade. Estes métodos – quase sempre orientados por um mestre experiente – servem para treinar a atenção e desenvolver a consciência.

A autoliderança começa pela autopercepção. Treinar a atenção nos exercícios de meditação amplia a percepção que temos de nós mesmos, dos nossos sentimentos, dos nossos padrões de reação. Provoca, ainda, uma percepção ampliada do nosso contexto, das pessoas ao nosso redor e do mundo que nos cerca. Todos os caminhos e treinamentos espirituais levam-nos, além do pensamento cognitivo e analítico, a um reconhecimento mais amplo de tudo quanto existe, a uma convivência mais atenta com as pessoas e as coisas e a uma maior intuição.

Também a psicologia e a psicoterapia modernas nos oferecem técnicas que favorecem e desenvolvem a própria personalidade. Podem servir de exemplo o treinamento mental – como é utilizado também nas práticas mais avançadas do esporte – e as diferentes formas de dinâmicas de grupo e de autoexperiência. Todas essas técnicas, se ensinadas de maneira consciente e responsável, completam os meios de treinamento espirituais. E nos ajudam mais ainda – literalmente – a chegarmos à **autoconsciência**.

Técnicas e recursos de liderança, tais como as utilizadas nos seminários de liderança, são úteis e importantes como instrumentos. Porém, é de muito mais do que isso que se trata. Trata-se de uma nova atitude interior, de uma nova consciência, a partir da qual pomos em prática essas técnicas e recursos. Não será possível configurar nosso futuro empregando unicamente a cognição e o pensamento racional. O indispensável processo de aprendizagem ocorre no plano espiritual, como desenvolvimento da consciência. O que importa é superar a estreiteza do pensamento voltado para o eu, e abrir espaços mais amplos à consciência. Aqui os velhos métodos espirituais de treinamento podem constituir uma grande ajuda.

*São Bento exige do celeireiro que ele seja sábio. "Sapiens" – a palavra latina para "sábio" – significa alguém que é capaz de sentir o próprio sabor, de degustar a si próprio, alguém que se reconciliou consigo mesmo e com a história de sua própria vida. Por isso em tudo quanto faz ele transmite um "sabor agradável".*

*Quem não está em contato consigo mesmo, muitas vezes transmite na conversa ou no encontro um "gosto amargo e insípido". Quem com seu comportamento deixa um "gosto negativo" irá antes afugentar as pessoas. Será incapaz de conquistá-las para si e seus objetivos.*

*Sábio é aquele que gosta de si próprio, aquele que está reconciliado consigo mesmo. Esta é uma tarefa que dura a vida inteira. Pois sempre as imprecisões, imaturidades e durezas conseguem penetrar em nós. Elas nos impedem de difundir em torno de nós um "sabor agradável". Por isso, sempre precisamos dizer sim a nós mesmos – também às nossas falhas e fraquezas. Elas têm o direito de existir. Somente não podem determinar nossa conduta e nossa pessoa.*

*Nós conquistamos a sabedoria quando observamos exatamente nossas emoções e necessidades. Os monges desenvolveram um método próprio para se ocuparem com os próprios pensamentos. A condição mais importante é que eu não atribua valor a minhas ideias e sentimentos, mas que primeiramente eu as contemple. Procuro saber o que elas querem fazer de mim. E então reflito como irei tratá-las.*

*Não se trata de reprimir as ideias e sentimentos, mas sim de lutar com elas. Pois existe uma força presente em todas as ideias e pensamentos. Esta força me faria falta se eu reprimisse as turbulências interiores. Muitos sentem-se esgotados, porque empregam uma grande soma de energia para manter sob custódia o que intimamente não lhes agrada. Quando a força presente nessas ideias e sentimentos é aproveitada em nosso favor, nós não apenas nos conduzimos bem, mas dispomos também de força suficiente para liderar os outros.*

---

**EXERCÍCIO**

**Silêncio e auto-observação**

*Introduza, ao longo do dia, períodos de silêncio. O ideal é fazer ao menos por alguns minutos, pela manhã, ao meio-dia e à noite – sempre à mesma hora – alguma forma de silêncio. Você pode simplesmente ficar atento ao que se passa no seu íntimo. Ser um simples observador dos seus sentimentos, impulsos, sensações e ideias.*

*Use um relógio ou um cronômetro para controlar como permanecer realmente sem atividade na observação de si próprio durante esses três, cinco ou dez minutos.*

*O estar-em-si-mesmo, o* habitare secum *é um exercício básico (diz-se, de São Bento que "ele habitava em si mesmo"). O zen recomenda "contemplar cuidadosamente o próprio espírito". O liderar-se começa por conhecer sempre melhor a si próprio e os processos que ocorrem no próprio íntimo.*

---

## 1.3 Ser liderado

Aos aspectos predominantemente ativos da liderança dos outros e de si próprio se contrapõe a experiência passiva do ser liderado. "Experiência passiva" não no sentido de nos sentirmos abandonados, mas sim de conscientemente percebermos e aceitarmos aquilo que nos influencia, e também de decidirmos por que e por quem nós nos deixamos influenciar. O liderar os outros e a si próprio passa por uma importante complementação no ser liderado. Pois significa aceitar conscientemente admitir e também dedicar-se.

Na mente dos administradores, muitas vezes a liderança é vista unilateralmente, consistindo em fazer e organizar. A experiência do estar-comprometido, do ser-dependente, do adaptar-se e do aceitar ou é reprimida e excluída, ou então é experimentada como o deixar-se levar. O primeiro passo para romper essa visão é tomar consciência do quanto somos influenciados, e de quantas vezes nós seguimos inconscientemente os padrões automatizados de comportamento.

Liderar e ser liderado condicionam-se e completam-se mutuamente, constituindo um todo. Este modo de ver está de acordo com as teorias sistêmicas e com o pensamento sistêmico: coisa alguma pode ser considerada isoladamente. As pessoas, as organizações, o sistema de valores, o "espírito da casa", ou também a cultura empresarial dependem umas das outras, influenciam-se mutuamente.

Na prática nós experimentamos de muitas maneiras o ser liderado:

- Por todas as pessoas com quem temos alguma relação. Nos relacionamentos, nós inevitavelmente somos influenciados pela outra parte.
- Pelos valores que interiorizamos, pelas crenças e conceitos de vida. Eles conferem rumo à nossa percepção, às nossas experiências e decisões.
- Pelas "tarefas" inconscientemente assumidas e pelas lealdades ocultas. Independentemente de toda lógica e razão, elas podem determinar nosso comportamento.
- Pelas disposições do destino que nos vêm ao encontro. Com elas nós podemos disputar, ou então considerá-las como uma tarefa especial.
- Pelas pessoas a quem nos submetemos conscientemente. Nesse caso nós praticamos a obediência consciente, nós obedecemos.

Muitas coisas podemos transformar em um processo ativo de aprendizagem e aceitar conscientemente aquilo que não podemos mudar, ou então acolher o que nos acontece – muitas vezes em contradição com o que esperávamos. Esta atitude – de acolhermos prontamente o que nos é enviado – é básica de muitas figuras bíblicas. Bem conhecidas são as palavras de Maria quando lhe foi anunciada pelo anjo a maternidade: "Aconteça comigo segundo a tua palavra" (Lc 1,38). Ou as de Jesus, depois de lutar consigo mesmo e com Deus no Monte das Oliveiras: "Pai, se isto não pode passar sem que eu o beba, faça-se a tua vontade" (Mt 26,42). Esta é uma atitude profundamente espiritual: Maria e Jesus colocam em segundo plano o seu eu – o seu ego, com seus desejos pessoais – e deixam que as coisas aconteçam. Mas o que eles fazem não tem nada de fatalismo cego – no sentido de: "Seja como for, eu não tenho como fazer de outro jeito". É uma afirmação ativa da vontade de Deus, uma renúncia ao próprio querer e aos próprios planos.

A simples ideia da "obediência" já desperta má vontade em muitas pessoas. Nós queremos determinar nossa vida, não queremos estar subordinados a ninguém. A raiz latina desse conceito – *ob-audire*, "ouvir alguém" – mostra claramente o profundo significado dessa atitude: aquele que aprendeu a ouvir, a escutar os outros – por exemplo, os superiores e outras pessoas experientes, ou também a Deus e à sua voz interior – sente que é conduzido, e com isto ele pode aprender muita coisa a respeito de si próprio.

A obediência, como o estar à escuta de nossa condução interior, põe-nos em conexão com nossa consciência. Através da consciência o homem está em ligação com algo maior, com a família ou com a comunidade, sobretudo também com a comunidade da religião a que pertence, e, em última análise, com Deus. A consciência nos diz o que devemos fazer e o que não devemos fazer para ser acolhidos e integrados na comunidade. E mostra-nos o que se harmoniza conosco – o que corresponde à nossa natureza mais íntima, que recebemos de Deus.

Nós também somos conduzidos de maneira intensa por pessoas com as quais estabelecemos uma relação autêntica: pelos colegas, os amigos, por nossos filhos, nossos colaboradores. Deles nós obtemos informações essenciais que influenciam de forma determinante nossa imagem da respectiva situação. Particularmente valiosas são as informações que não "nos apetecem", as observações sobre os comportamentos perturbadores.

Por isso é tão importante a escolha dos amigos e do contexto social. Diz o provérbio: "Dize-me com quem andas, e eu te direi quem és". Também Buda aconselhava que procurássemos nos aproximar de pessoas boas e maduras e que evitássemos a companhia das pessoas más. Por vezes se tem necessidade de muita coragem para evitar e para romper ou restringir as relações que contrariam nosso desenvolvimento.

Os bons amigos nós não conhecemos apenas na necessidade, quando precisamos deles. Bons amigos e colegas são pródigos na crítica. Sempre eles colocam diante dos nossos olhos o espelho que nos ajuda a conhecer-nos melhor. Um perigo é a claque dos que aplaudem, dos admiradores sem crítica. Quanto mais elevada a posição hierárquica, tanto maior o perigo de se fugir da crítica e de se ficar cercado de admiradores. Isto satisfaz às necessidades narcisistas, mas revela uma profunda insegurança pessoal.

Os colaboradores incômodos contribuem para o desenvolvimento, porque forçam o ambiente a examinar o próprio comportamento e ação. Estamos falando não dos eternos reclamadores e pessimistas, mas sim dos críticos construtivos. Na Idade Média os bons governantes mantinham um "bobo da corte", cuja tarefa consistia em apresentar-lhes o espelho, e com isto corrigi-los.

Nós também somos conduzidos pelos conceitos que interiorizamos ao longo do nosso desenvolvimento. Eles são nosso "roteiro" interior, o *script* segundo o qual nós agimos e decidimos, mas de que em ampla escala não temos consciência. Muitos deles são de absoluta necessidade para a vida, porém muitos outros não servem para a situação de hoje. É aqui que começa o trabalho em nós mesmos. A aquisição de novos padrões de comportamento e de novos hábitos exige perseverança. Temos que lutar constantemente, em primeiro lugar, contra nossa inércia e nosso comodismo. Entre os antigos monges a inércia era considerada como um dos quatro pecados mais importantes. É ela que com mais intensidade se opõe ao desenvolvimento da personalidade – sobretudo ao desenvolvimento espiritual.

A psicologia moderna afirma a mesma coisa, quando considera perigosa a "zona de conforto" da pessoa, à qual muitos gostam de retrair-se. Achamos agradável permanecer nos hábitos que nos são familiares. Desse modo repetimos os mesmos padrões e evitamos os riscos inerentes ao que é novo. No entanto, para nos desenvolvermos e nos sentirmos realmente felizes e satisfeitos, nós temos necessidade de sempre abandonarmos essa zona de segurança, aquilo que nos é familiar, ter a coragem de tentar coisas novas.

Trata-se aqui de termos a coragem de mudar e de enfrentar as coisas de uma maneira diferente do que estamos habituados. Isto significa "pisar em terreno novo". Para isso temos que assumir o risco do fracasso e do mau êxito, e sempre, mais uma vez, testar e superar nossos próprios limites, do contrário não poderá haver desenvolvimento. Só quando temos a coragem de arriscar é que caminhamos em direção a novas metas que nos impomos conscientemente.

Sigmund Freud foi o primeiro a descobrir a existência do inconsciente e do subconsciente e a mostrar como são importantes. A influência, por vezes ampla, desse plano sobre nosso comportamento e os trágicos dinamismos que dele podem se originar só passaram a ser melhor conhecidos nestes últimos anos. O olhar para o próprio interior – para os próprios motivos e padrões comportamentais – está sendo cada vez mais considerado como sendo de fundamental importância. A ajuda profissional externa favorece esse processo, por exemplo quando o treinador reflete em seu comportamento estes elementos inconscientes.

Ser conduzido conscientemente exige reflexão, exige que se responda à pergunta: "Por quem e por que estou sendo influenciado e liderado?" Constantemente temos necessidade de olhar o espelho. Só assim é que o trabalho em nós mesmos passa a ser eficiente, só então é que podemos resolver os problemas e os padrões de comportamento com que nos deparamos.

A procura cada vez maior do *coaching* (treinamento) é um indício da necessidade e utilidade do apoio profissional. Assim, 88% dos administradores consultados em 2004 declararam que nos próximos cinco anos o *coaching* passaria a ser mais importante. Como ocasião ou motivo para o *coaching* são mencionados em primeiro lugar os problemas pessoais ou profissionais, a reorientação ou evolução e o desenvolvimento das potencialidades pessoais.

Outro instrumento para se ir em busca das forças inconscientes são as dinâmicas sistêmicas, que também podem ser empregadas em conjunto com o *coaching*. Elas envolvem dinâmicas inconscientes para controlar os comportamentos.

Qualquer pessoa pode decidir por quem irá se orientar e por quem se deixará conduzir e influenciar. Qualquer um pode escolher seus modelos, seu acompanhante espiritual, seu mentor ou seu treinador, mas também os valores, metas, convicções e ideologias pelas quais se orienta. Pode também, com instrumentos adequados, descobrir e trabalhar os elementos inconscientes que exercem influência sobre sua conduta. Nós possuímos uma vontade livre, e podemos escolher. E com toda decisão tomada nós escolhemos também as consequências, pois o que semeamos haveremos de colher.

*São Bento está convencido de que nós somos responsáveis não apenas pela maneira como conduzimos, mas também pela maneira como nos deixamos conduzir (cf. Regra de São Bento 2,6s). O líder nos tratará de maneira diferente se não nos deixarmos dobrar por ele. Com nosso comportamento nós despertamos no líder padrões inteiramente diferentes. Quando não nos mostramos submissos, nós provocaremos seus traços dominadores. Quando nos mostrarmos como um "filho bonzinho" ou como uma "filha acomodada", ele nos tratará como um pai autoritário.*

*Sempre é difícil quando temos um líder imaturo, isto é, uma pessoa com complexos de inferioridade. Ele tentará rebaixar-nos. Não tem sentido lutar com ele pelo poder, pois ele então irá tratar-nos de maneira sempre mais desumana. Mas também não podemos deixar que ele nos rebaixe. Posso dizer a mim mesmo: "Como ele deve ser baixo, para constantemente ter que rebaixar os outros! Como deve viver com medo, para sempre nos amedronta!" Quando penso assim, eu tiro a força que ele tem. É verdade que para fora ele continuará mostrando-se autoritário, mas eu não me deixo dobrar por ele. Fico na minha. Então suas tentativas autoritárias irão cair no vazio.*

*O outro sempre só tem sobre mim o poder que eu lhe der. O líder, naturalmente, pode reduzir meu salário. Mas não tem o poder de tirar minha dignidade. Quanto mais ele perceber que não pode fazer seu jogo comigo, tanto mais rapidamente irá desistir.*

*Mas não se trata unicamente de proteger-se contra o poder negativo de um líder imaturo. A atitude cristã consistiria em apesar de sua imaturidade acreditar no núcleo bom que existe no líder, e com a minha fé fazer com que este núcleo bom possa manifestar-se. Quando eu transmito ao líder uma sensação de clareza e de liberdade, mostrando ao mesmo tempo que tenho certa confiança nele e que o aceito como pessoa humana, ele irá modificar sua maneira de mandar. Nesse caso, ele não terá mais necessidade de sua afetação. Sabendo-se aceito e respeitado, ele não tem mais necessidade de comprovar-se.*

### Exercício

**Lista das pessoas importantes**

Você pode saber quais as pessoas que o influenciam, quais suas crenças e comportamentos, se fizer uma lista de suas pessoas de referência.

*Para cada uma dessas pessoas você pode anotar como e quando essa pessoa teve influência sobre seu comportamento e suas resoluções. Suas conclusões serão mais claras se todos os dias você completar a lista sob a forma de um diário.*

*Da compreensão que obtiver daí resultarão impulsos automáticos para mudar uma ou outra coisa.*

---

## TEXTO DE APROFUNDAMENTO

## Aprender a liderar deixando-se liderar

*"Aprendemos a liderar melhor quando nos deixamos liderar". Esta experiência é válida não apenas para as comunidades religiosas e para o acompanhamento espiritual, mas também para uma adequada cultura de liderança nas empresas. Por isso, nós precisamos primeiramente lançar um olhar para as "próprias feridas" – para minhas próprias falhas e fraquezas –, para com elas aprendermos a conviver adequadamente com os pontos fortes e também com os pontos fracos dos colaboradores. Pe. Fidélis Ruppert, por muitos anos abade da Abadia Beneditina de Münsterschwarzach, esclarece isto no texto a seguir:*

A maneira mais importante que eu conheço de progredir é aprender com as próprias experiências. Gostaria de explicar o que entendo por isso. Uma religiosa que prega muitos retiros, e que também dá acompanhamento espiritual a muitos padres, disse-me certa vez: "Eu não compreendo vocês padres e superiores religiosos. Vocês lideram tantas pessoas por anos a fio, ao longo de décadas, mas quase ninguém de vocês se deixa liderar por alguém. Considero isso uma falta de responsabilidade". Isto penetrou-me profundamente na alma, porque espontaneamente senti que essa religiosa tinha razão, e que meu próprio problema se encontrava aqui. Já me encontrava, então, exercendo o cargo por um bom número de anos. Porém, esta observação deu início a uma fase nova e salutar em minha vida pessoal e no exercício do meu cargo.

"Vocês conduzem os outros, mas não se deixam conduzir." Nós aprendemos melhor a conduzir quando nos deixamos conduzir, ou, como eu gosto de dizer hoje em dia: nós aprendemos melhor através da autoexperiência. Hoje nós tentamos isto com auxílio dos chamados retiros individuais, do acompanhamento espiritual, das diversas formas de meditação, da supervisão, ou de outros métodos semelhantes. Sempre se trata de trabalhar minha própria vida, incluindo meu próprio passado. Pois muita coisa fica presa em nós de antigamente, da infância e do restante de nossa vida, muitas vezes nos incomodando. Tudo isto é desagradável e sobrecarrega meu comportamento atual e minha convivência com as pessoas. Mas no acompanhamento espiritual individual das pessoas eu aprendo muito concretamente como as feridas do meu passado podem ser curadas e como posso conviver melhor com minhas crises e dificuldades pessoais. Isto há de ter um efeito muito favorável sobre o convívio com as pessoas e sobre o exercício do meu cargo. O próprio São Bento já sabia disto. Ele diz que o abade deve ser capaz "de curar as próprias chagas e as dos outros" (Regra de São Bento 46,60). O abade deve ser alguém capaz primeiramente de curar as próprias chagas. Nesta citação, as próprias chagas vêm antes das chagas dos outros. Sem dúvida alguma, a capacidade de conviver sadia e edificantemente com as próprias chagas é a condição para que possamos perceber e curar as chagas alheias.

Todos conhecem o provérbio colocado nos lábios de Jesus pelo médico Lucas: "Médico, cura-te a ti mesmo!" (Lc 4,23). Aqui não se trata do contexto especial do Evangelho de Lucas. Mas este provérbio certamente tem o significado de que precisamos primeiro enfrentar os próprios problemas, antes de resolvermos os problemas dos outros.

A mesma mensagem nos é transmitida pelo tipo mitológico do "médico ferido". Faz parte das grandes experiências da humanidade que só é capaz de curar e de ajudar aquele que tenha sido ele próprio ferido, que tenha conhecimento do que é o sofrimento e a dor. A mensagem do médico ferido não nos diz que ele deve necessariamente haver curado todas as suas feridas, que se apresente como alguém esbanjando saúde. Suas feridas ainda se encontram lá. Ele próprio continua sendo alguém que sofre, mas que é capaz de conviver com suas feridas, sem, com isso, se tornar mais enfermo, sem vir a perecer, mas aprendendo a conviver com elas sempre melhor, tornando-se cada vez mais sábio e mais maduro.

Trata-se, portanto, não apenas de aprender conosco mesmos como ter mais saúde, mas precisamente de aprendermos como – com todas as nossas chagas e feridas – nós podemos nos tornar mais sadios e conscientes, num nível mais elevado ou mais profundo. Só na medida em que passamos conscientemente por essas experiências é que estaremos em condições de, no sentido de São Bento, procedermos com prudência e amor no cortar o mal, no resolver efetivamente os graves problemas, de tal modo que não venham a surgir novas feridas, mas que possamos eficientemente ajudar o outro, e que ele possa continuar crescendo.

RUPPERT, F. & STÜFE, A. *Der Abt als Arzt – Der Arzt als Abt.* – Anregungen aus der Benediktsregel Münsterschwarzach: Vier-Türme-Verlag, 1997, p. 28-31.[Münsterschwarzacher Kleinschriften 108].

# 2
# COMUNICAÇÃO

*Obedecer em tudo às ordens do abade, mesmo que este, o que não aconteça, proceda de outra forma, lembrando-se do preceito do Senhor: Fazei o que dizem, mas não o que fazem.*

Regra de São Bento 4,61

*No princípio era o Verbo, e o Verbo estava com Deus, e o Verbo era Deus. No princípio estava ele com Deus. Todas as coisas foram feitas por intermédio dele...*

Jo 1,1-3

## 2.1 Plano de relação e plano de conteúdo

O ato de liderar é o encontro de duas pessoas em sua plena condição de pessoas humanas. Elas se encontram "olhos nos olhos". O olho é a porta da alma. Quando olhamos alguém nos olhos, nós vemos o que é que impulsiona esse alguém. Percebemos seus sentimentos, sua tristeza, sua angústia, sua alegria. Vemos muito daquilo que nesse momento ocorre nessa pessoa. Ver onde ela se encontra nesse momento, que necessidades sente, onde devemos buscá-la constituem condições para que o liderar sirva ao desenvolvimento da pessoa. Mas mesmo para a comum solução das tarefas é útil ver como o outro se encontra nesse momento.

O ver é um passo importante para o liderar. Expectativas, metas e tarefas não deixam, com isso, de ser importantes. Apenas estão ligadas à situação presente, às condições humanas concretas em que devem ser realizadas as tarefas e metas que nesse momento aguardam realização. Para este processo de entrar em contato e de apreender a situação momentânea do outro nós precisamos de uma atenção consciente e de um pouco de tempo. Este pretenso luxo de um pouco de tempo investido para estabelecer e configurar a relação produz frutos abundantes.

Quando nós olhamos uma pessoa, estamos demonstrando nosso interesse por ela como pessoa. Esta é também uma forma de manifestar o valor que lhe atribuímos. Fazemos dela uma "pessoa considerada", literalmente. A única condição para este importante aspecto da boa comunicação e direção é que neste momento toda minha atenção esteja voltada para o outro, e que eu me interesse integralmente pelo outro como pessoa.

Na prática: um desejo que dependa da boa vontade e do engajamento de um colaborador será aceito por ele com mais facilidade se ele estiver bem disposto e em harmonia consigo mesmo. E vice-versa, se no momento o colaborador se sentir inseguro ou magoado e com e raiva, o desejo irá deparar-se claramente com uma menor disposição. Isto parece muito claro, quase uma evidência. Mas infelizmente na prática muitas vezes é esquecido.

Quantas vezes o líder não vê outra coisa a não ser o que ele deseja e a situação em que se encontra! Fica preso na percepção de si próprio, no "seu próprio filme", sem ter olhos para o outro nem para a situação do outro. Com isto, a comunicação fica restrita à transmissão de ordens e ao discurso sobre as próprias necessidades. No fim, muitas vezes a única coisa que resta ao líder é a decepção pelos fracos resultados. Atribui-se a causa ao liderado, e não à falha de comunicação do próprio líder.

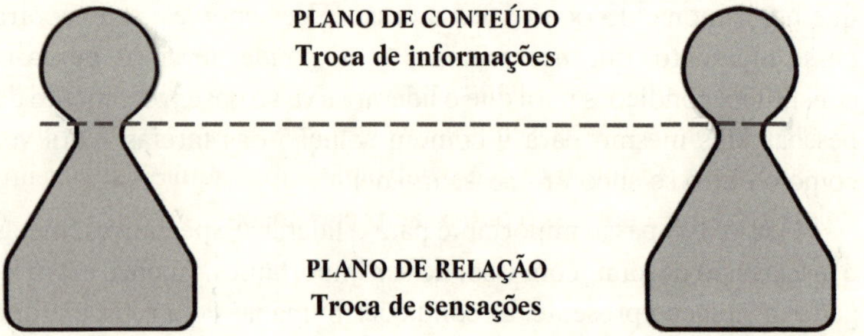


[segundo Schulz von Thun 1981]

Quando num determinado encontro nós realmente nos envolvemos "olhos nos olhos", este encontro não apenas irá tocar-nos em nosso íntimo, mas irá também modificar-nos. Nós enfrentamos um certo risco, porque não sabemos quais as expectativas e sentimentos que nos cabem, nem o que em nós é tocado por esse encontro. Sem esse risco a liderança não é possível.

Muitas pessoas, com o desejo de evitar esses riscos, evitam também o verdadeiro encontro. Nesse caso a comunicação fica restrita à troca de informações objetivas. O encontro, então, é "cabeça com cabeça". Aparentemente se evita o encontro dos sentimentos – o encontro "barriga com barriga". Mas no plano da relação também são de fato emitidos sinais: sinais de rejeição, que evitam o contato.

Paul Watzlawick, o conhecido estudioso da comunicação, verificou que toda comunicação possui um aspecto de conteúdo e um aspecto de relação. E é este que determina o primeiro, e não o contrário. Toda mensagem envolve não apenas uma afirmação de conteúdo, mas também, ao mesmo tempo, uma afirmação sobre a relação com aquele que recebe a mensagem. O aspecto da relação corresponde ao "plano do sentimento", ou ao "plano da barriga". Quando o plano do sentimento está perturbado – por exemplo, por fortes sentimentos, como raiva ou revolta –, a comunicação é prejudicada, ou, nos casos extremos, até mesmo impossibilitada. E vice-versa, sentimentos positivos, caso não sejam exagerados, melhoram a troca no plano do conteúdo.

Pessoas que não querem envolver-se no nível dos sentimentos emitem, não obstante, sinais inconscientes no nível da relação: "Não posso envolver-me com sentimentos". Ou: "Não posso deixar que meus sentimentos transpareçam".

A boa comunicação, quando, como pessoa, nos voltamos inteiramente para outra pessoa, sempre envolve também nos abrirmos emocionalmente e permitirmos que o outro participe daquilo que nos impulsiona. O que contagia o outro são precisamente os sentimentos, o que o leva a vibrar conosco "na mesma frequência". Todo bom vendedor sabe que, quando ele está entusiasmado pelo seu produto, o entusiasmo se manifesta e suas chances de venda aumentam. Quando o líder admite os próprios sentimentos e demonstra seu entusiasmo, ou também sua decepção ou raiva, estará influenciando diretamente seus colaboradores, e de uma forma muito eficiente.

Uma vez estabelecida a relação – quando "a ligação está de pé" –, a comunicação objetiva também é fácil, e por via de regra pode se realizar sem problemas. Nós encontramos ouvidos abertos. A condição é que as perturbações anteriores estejam esclarecidas. Quando o plano de relação estiver obstruído por problemas – por exemplo, por más disposições, ou por conflitos não esclarecidos –, o plano de conteúdo sempre é perturbado por impulsos do outro plano. Nesse caso, muitas vezes não se pode saber se determinado elemento de comunicação tem algo a ver com o assunto ou se é apenas a expressão de sentimentos desagradáveis. A comunicação passa a ser uma mistura estéril de elementos objetivos e manifestações irrefletidas de sentimentos destrutivos. Cinismo, bloqueios e manifestações de desprezo são a expressão de uma situação como esta.

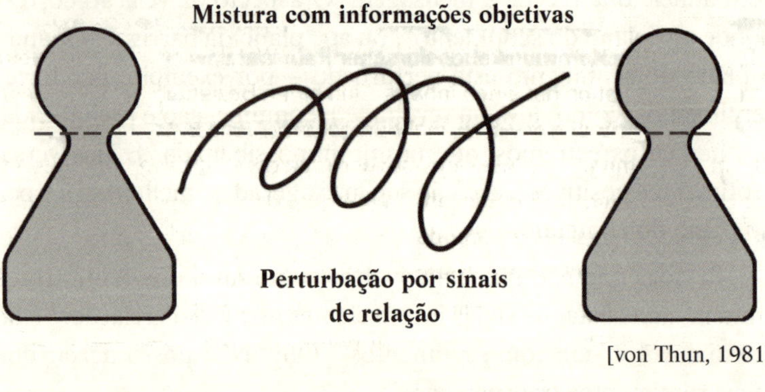


[von Thun, 1981]

Quando aparecem esses indícios de um nível de relacionamento não esclarecido, é muito conveniente que se deixe de lado o tema objetivo e que se esclareça a relação entre os participantes. Uma conhecida regra de moderação nos diz que **as perturbações têm a preferência.** Uma boa discussão objetiva só se torna possível depois que o plano de relacionamento estiver esclarecido. Os homens, principalmente, com frequência sentem dificuldades para ver o plano de relacionamento e ocuparem-se com ele. Mas para uma liderança eficiente é indispensável reconhecer e pôr em ordem a qualidade das relações.

A capacidade de lidar com os sentimentos próprios e alheios, o assim chamado quociente QE de inteligência emocional, é de capital importância para a convivência entre as pessoas, e, de modo particular, para a liderança. A inteligência emocional pode ser aprendida no dia a dia. Boas mestras para isso podem ser as mulheres. Os seminários que se ocupam com auto experiência e autorreflexão, como também um bom treinador (*coach*), podem mostrar-nos o caminho para os nossos sentimentos. Por meio da meditação podemos também chegar a níveis mais profundos de nossa personalidade, e com isso também a um contato intenso com nossos sentimentos. A aprendizagem emocional é também um importante efeito secundário nos cursos de representação familiar e sistêmica. Tanto nos papéis que representam como também como observadores, os participantes passam pela experiência de intensos processos emocionais. Aprendem a admitir sentimentos profundos e intensos, e a lidar com eles.

Um meio muito bom para chegarmos aos próprios sentimentos, conhecido na tradição monástica, é a pós-meditação. Numa revisão do dia – como meditação, ou como oração após o trabalho – nós trazemos de novo à mente as coisas que ao longo do dia significaram para mim um peso, ou que me fizeram bem. Aqui as contrariedades com que me deparei exteriormente podem ser reconhecidas como minhas fraquezas, como os assuntos que me são próprios. Quando no silêncio da meditação surgem novamente determinadas situações e os sentimentos com elas relacionados, isto tem mais a ver comigo mesmo do que com os outros. A meditação me oferece uma boa oportunidade para trazer sempre mais luz para os meus próprios sentimentos.

EXERCÍCIO

**Pós-meditação**

*Como em toda meditação, também na pós-meditação é bom que se procure um lugar apropriado, onde não se possa ser perturbado. E bom, também, meditar num horário fixo do dia, de modo que possa transformar-se em hábito permanente.*

*Entre no silêncio, procure abrir os ouvidos para o silêncio. Não se trata de interrogar com a razão, mas sim com o coração: Como foi meu dia hoje? O que experimentei durante o dia?*

*Entrar em meditação ou na oração lhe mostrará qual deve ser o assunto de suas considerações. As lembranças e pensamentos que surgem mostram quais são seus pontos fortes e os pontos fracos. O que for importante há de manifestar-se com clareza, pela intensidade dos sentimentos a isto associados. Seu íntimo, ou seu subconsciente, há de falar-lhe.*

*Trata-se de aceitar aquilo que há de manifestar-se. Na meditação nada se faz e nada se avalia. Deixa-se que as coisas sejam como elas são. Este é um processo interior que se sustenta por si mesmo. O ato de nos desligarmos é uma realização psíquica, na qual nos reconciliamos e nos perdoamos. Envolve o perdoar-me a mim mesmo e o aceitar a minha imperfeição. Envolve também o aceitar as imperfeições dos outros.*

*Podemos obedecer a esta fórmula: admitir – contemplar – deixar ir.*

---

O exercício também ajuda a trabalhar os sentimentos: minha ira, minha raiva, minha insatisfação. Ajuda-me a entender que estes sentimentos são meus, que eles me pertencem. Posso dizer-lhes "sim", posso aceitá-los. Com isto eles perdem seu aspecto de coisa forçada. Então eu não tenho necessidade de reprimi-los nem de projetá-los para fora, para os outros.

No dia a dia nós não apenas somos constantemente desafiados a expor-nos aos sentimentos próprios e alheios, mas também o dia a dia sempre é uma possibilidade para exercitarmos um comportamento novo – inclusive conviver com os sentimentos.

Todos os caminhos espirituais apontam para o dia a dia como campo de treinamento. Aí se mostra até que ponto nós alcançamos a alegria e a tranquilidade em nossa caminhada zen, ou até que ponto nós desenvolvemos nosso sentimento de compaixão amorosa na meditação. Todos os dias temos muitas ocasiões para exercitar o cuidado e a atenção na convivência com os outros. O passo decisivo consiste em eu me desligar um pouco de mim mesmo e ver o outro, em lhe olhar nos olhos e assim ter um encontro pessoal com ele. Para isso, um exercício simples, mas de extrema eficiência.

### Exercício
### Como iniciar a conversa

*Uma conversa só começa realmente quando o interlocutor se encontra disposto e receptivo. Se alguém ainda estiver ocupado com outra coisa, se ainda estiver com os pensamentos em outro lugar, ele não tem condições de escutar. Ele precisa, no próprio interior, encerrar primeiramente o outro programa. Então o passo seguinte pode ser ele voltar-se para você. Só a partir desse momento é que a verdadeira comunicação se torna possível.*

*Toda conversa deve ser iniciada:*

- *dirigindo a palavra;*
- *dirigindo o olhar;*
- *tomando fôlego.*

*Dirija-se ao seu interlocutor chamando-o pelo nome. O nome, para qualquer pessoa, é algo muito especial, constitui um elemento essencial de sua identidade. Quando alguém pronuncia seu nome, você sabe que ele está se dirigindo a você individualmente, de uma forma muito pessoal. O nome corretamente pronunciado manifesta um relacionamento, indica que você é valorizado. Ao dirigir-se ao outro chamando-o pelo nome, você está dizendo: Estou me dirigindo a você, você é importante para mim.*

*Espere o outro confirmar se o contato ocorreu. O contato pelo olhar permite-lhe saber se "a ligação foi estabelecida". Você pode ver como a tomada de contato acontece. No olhar do outro você pode ver os sinais emitidos pelo parceiro, como ele se sente, o que está se passando em sua alma.*

*Faça então uma pequena pausa para tomar fôlego. Só depois comece a primeira frase. O outro tem necessidade dessa pausa para estar em plena sintonia com você. Com o contato do olhar, o outro passa a sentir-se como seu interlocutor, começa a sentir-se respeitado. O que você disser então será acolhido mais conscientemente. O fato de você concentrar-se sobre sua própria respiração o põe em contato com seu próprio estado de ânimo e com seus sentimentos. Daí podem resultar importantes visões sobre a situação e sobre a relação com o interlocutor.*

Por outro lado, falar sobre os sentimentos não deve transformar-se no assunto dominante, deixando-se de lado o rendimento da empresa ou da organização. Neste sentido, as organizações sociais correm maior perigo. Nelas, por vezes, o bem-estar dos indivíduos passa a ter a preferência frente ao rendimento a ser alcançado. Aqui muitas vezes o pensamento racional é reprimido, e o que acontece passa a ser determinado por afirmações do tipo: "Nós precisamos ter mais experiência recíproca".

Também nesse caso a questão é encontrar a medida certa. Na tensão entre a produção para os clientes internos ou externos e a necessidade dos colaboradores por mais intercâmbio social é preciso que se chegue a um ponto de equilíbrio. Mais uma vez se pode comprovar isto: sempre que os colaboradores estão satisfeitos, quando se sentem respeitados e valorizados como pessoas humanas, sua disposição para o rendimento aumenta.

## 2.2 O escutar

A escuta possui um papel fundamental na comunicação. Ouvir ou escutar é um elemento central de todos os caminhos espirituais. A Regra de São Bento principia com esta exortação: *Ausculta* – "Escuta, filho". No Antigo Testamento, o falar cabe a Deus. No início do relato da criação se diz: "Deus disse: Haja..." (Gn 1,3). O mundo surge pela palavra de Deus. O Evangelho de João começa com esta referência: "No princípio era o Verbo, e o Verbo estava com Deus, e o Verbo era Deus. No princípio estava ele com Deus. Todas as coisas foram feitas por intermédio dele..." (Jo 1,1-3).

Quando Deus se comunica por meio da palavra, nós podemos, pela escuta, tomar consciência dele e de sua mensagem. Orar, dessa maneira, não é tanto o falar com Deus, é mais o escutá-lo. A linguagem de Deus não é um falar no sentido da linguagem humana, ela pode ser amplamente encontrada em tudo quanto existe. Pois tudo passou a existir pela Palavra de Deus. O silêncio e a escuta são parte integrante de todo orar e de todas as formas de meditação. E silêncio significa muito mais do que simplesmente não falar. Ele é também o fazer silêncio no espírito, quando nossas ideias chegam ao repouso – uma importante experiência na meditação, que ocorre à medida que o exercitamos.

Na comunicação diária nós encontramos muitas ocasiões para exercitar a audição e a escuta. Quem deseja ter acesso a outra pessoa, precisa percebê-la, ouvir o que ela tem a transmitir. A condição para isto é sempre a mesma: é preciso que eu próprio esteja em silêncio, para que o outro possa falar. Preciso não apenas não falar, tenho também que fazer com que meus pensamentos se calem, com que minhas ideias e minhas opiniões se retraiam. Só então estarei inteiramente aberto para o outro, poderei levar a sério seus desejos.

Muitas conversas são prejudicadas, principalmente porque nós não escutamos. Quantas vezes o cônjuge é acusado de não escutar! A situação não é melhor nas entrevistas de orientação. Muitos não falam às pessoas ou com as pessoas, mas sim "por ocasião" da presença do outro. Não chega a ocorrer uma conversa, porque encontramos dificuldades para ouvir.

O maior problema para a escuta são os pensamentos próprios. Depois de umas poucas palavras do nosso interlocutor, nossos próprios pensamentos começam a manifestar-se. Já começamos a elaborar o que foi dito, a relacioná-lo com os conhecimentos adquiridos, a imaginar uma resposta. Este processo é particularmente intenso quando nos sentimos atacados ou criticados.

---

### Exercício

**Escutar ativamente**

*Em toda conversa – assim como em outras ocasiões especiais – você pode assumir o escutar como tarefa. Você repete em pensamento, ou então anota, o que o outro acaba de dizer. Pode fazer isso também em voz alta. A frase pode, por exemplo, começar assim: "Você acha, então, que...", ou: "Se o entendi corretamente..."*

*Você descobrirá que não consegue guardar e elaborar tudo quanto o outro diz, ou que "joga em cima de você". Perceberá como logo começa mentalmente a preparar respostas, ou como logo começam a funcionar em sua cabeça os processos de pensamento, e como pouco tempo depois a escuta já está interrompida.*

*Concentre-se nestas perguntas: O que o outro está dizendo? Qual é a opinião dele?*

*A experiência mais forte com este exercício é que você aprende a controlar e a deixar em segundo plano a sua opinião e suas reações, para nesse momento "ser todo ouvidos".*

*Um propósito que tem sentido: como resultado das experiências adquiridas com este exercício, organize você mesmo suas mensagens em pequenas porções, de modo que o outro as possa assimilar e elaborar. Quase todas as pessoas são incapazes de receber informações por mais de dez minutos, no máximo – nas críticas, por mais de três minutos. Então elas têm necessidade de tempo para organizar e elaborar o que acabaram de ouvir.*

---

"Ser todo ouvidos" é uma atitude espiritual em que, durante a escuta, se renuncia aos próprios pensamentos. As conversas logo ganham em profundidade quando um interlocutor escuta com atenção. Esta é uma capacidade que caracteriza muitas boas lideranças.

## 2.3 A técnica da pergunta

"Quem pergunta, conduz". Esta velha fórmula aponta com precisão a importância de fazer boas perguntas na liderança. Um rápido experimento pode confirmar como é fácil liderar outras pessoas por meio de perguntas simples. Pergunte a um conhecido: "Que foi que você fez no último sábado à noite?" Ele dirigirá os olhos obliquamente para cima, isto é, irá procurar no seu íntimo as imagens correspondentes à sua pergunta, e, em seguida, há de responder. Em espírito você o levou de volta para o sábado à noite. Ele voltou para lá em pensamentos. Pode-se fazer a mesma coisa com o futuro, por exemplo, perguntando: "O que você pensa fazer no final de semana?"

No dia a dia da liderança você pode, por meio de perguntas, levar qualquer colaborador a suas próprias ideias. Você pode levá-lo a perceber relações, a enxergar ligações. Mas sobretudo você obtém informações sobre o colaborador, sobre o que ele pensa, o que ele sente, o que ele planeja... As perguntas manifestam o interesse pela pessoa, elas são uma espécie de valorização. No plano relacional, a pergunta diz: "Sua opinião é importante para mim, você é importante".

As perguntas são exercícios do espírito. Ao fazer uma pergunta, eu coloco em segundo plano a mim próprio e as minhas opiniões, e me volto para o outro. Abro-me, e aceito alguma coisa. Ao mesmo tempo posso observar e sentir o que a pergunta faz comigo, o que estou sentindo.

**EXERCÍCIO**

**A técnica de perguntar**

*Adquira o hábito de em toda conversa fazer pelo menos três perguntas. Você pode prepará-las com antecedência, por escrito, até que essas perguntas se transformem em hábito.*

*Você pode abrir a conversa com algumas perguntas convidativas:*

- *O que traz você aqui?*
- *O que posso fazer por você?*
- *Em que posso ajudá-lo?*

*Recolha informações, antes de julgar ou de decidir. Podem ser úteis essas perguntas:*

- *O que aconteceu?*
- *O que você acha disso?*
- *O que você espera de mim?*
- *O que você iria fazer agora (no meu lugar)?*
- *O que ainda preciso saber sobre este assunto?*

*Sempre faça novas perguntas de aprofundamento:*

- *O que você acha disso?*
- *O que você quer dizer com isso...?*
- *Você pode explicar isso melhor?*
- *O que você quer dizer concretamente?*
- *Não estou compreendendo!*

Na condução da conversa, as perguntas possuem uma função fundamental. Por meio das **perguntas abertas,** as que começam com "que...?", "qual...?", "como...?", "onde...?", você obtém informações. A atitude interior correspondente é a de aprender, de acolher, de retrair-se. Às **perguntas fechadas** só se pode dar como resposta um "sim" ou um "não". Perguntas fechadas levam a decisões, fixam, dão por encerrado. São perguntas fechadas, por exemplo: "Isto está certo?", "Você virá?"

Uma boa liderança, que respeite as pessoas e as tarefas, evidencia-se através de uma boa cultura da pergunta. Afirmar, decidir, descrever posições, facilmente provoca resistência ou defesa, enquanto as perguntas levam ao intercâmbio e ao relacionamento. Também uma proposta ou um bom conselho pode ser mais facilmente aceito quando apresentado sob a forma de pergunta: "Que você acha de...?"

## TEXTO DE APROFUNDAMENTO

## Trabalhar em comum para uma boa comunicação nas tarefas

*Liderar pode ser um peso. Um olhar para Moisés – um dos grandes líderes do Antigo Testamento – pode literalmente nos "tirar um peso" de cima dos ombros. Moisés (de início) aprende a liderar passando pela experiência da própria fraqueza, e (mais adiante) aprende a dividir a responsabilidade com várias pessoas. Uma comunicação que tenha em vista todos os níveis do processo de comunicação, e que os leve a sério, já é um primeiro passo para se motivar mutuamente, e com isso ajudar a enfrentar em comum as tarefas da empresa.*

Moisés é o típico líder. Ele conduz seu povo da escravidão do Egito para a liberdade da Terra Prometida. Moisés é alguém que sabe conduzir as pessoas. Mas o povo também é uma imagem dos aspectos de sua própria alma. Moisés é alguém que consegue conduzir-se a si próprio. A Bíblia nos descreve a maneira como Moisés aprende a conduzir a si próprio e ao povo. [...]

Enquanto Moisés apascentava as ovelhas e cabras de seu sogro, "apareceu-lhe o anjo do Senhor numa chama de fogo no meio de uma sarça" (Ex 3,3). Da sarça em chamas Deus lhe fala: "Eu vi a opressão do meu povo no Egito [...]. Eu te envio ao Faraó para que libertes meu povo, os israelitas, do Egito!" (Ex 3,7.10). Moisés resiste. Primeiramente ele pergunta pelo nome de Deus. Então Deus se revela como Javé, como "Eu sou aquele que sou" (Ex 3,14). Aparecem, então, as dúvidas a respeito de si próprio. Como devo convencer o povo? Javé mostra-lhe números de magia com que ele poderá convencer o povo. Por último Moisés lembra que não tem o dom da palavra. Deus fica irado. Fica irado com Moisés. E ordena-lhe que tome seu irmão Aarão como seu porta-voz.

Moisés não é o líder nato, que assume uma tarefa de liderança a partir de uma profunda autoconsciência. Ele precisa primeiro defrontar-se com sua fraqueza, com sua incapacidade, que vê representada na imagem da sarça ardente. Moisés duvida que as pessoas vão ouvi-lo. E sofre porque sua língua é pesada. Deus precisa pressioná-lo para que ele assuma sua tarefa. Deus o envia ao seu povo. E não permite que as dúvidas de Moisés o impeçam de encarregar precisamente a ele da tarefa de liderança. Muitos homens que ocupam uma posição elevada em empresas consideram-se líderes natos. Mas muitas vezes eles passam por cima dos seus colaboradores. Líderes como Moisés, depois de terem tido sua própria fraqueza, passam a exercer sua liderança com mais cuidado. Passam, então, a ter um olhar para as necessidades dos colaboradores. E passam a reconhecer melhor o que é importante na liderança. [...]

No Sinai, Moisés recebe uma nova tarefa. Passa a ser para o povo o legislador, e também o que guia o povo para a experiência de Deus. Moisés sobe sozinho ao monte e lá se encontra com Deus. Ele conta ao povo o que Deus lhe disse. [...]

Como Moisés é alguém que experimentou Deus, e que no seu encontro com Deus foi transformado interiormente, o povo aceita o que ele diz. Mas mesmo depois da profunda experiência de Deus no Monte Sinai, sempre de novo se manifesta resistência contra Deus e contra Moisés. O povo cai na autocomiseração: "Quem nos dera comer carne! Estamos lembrados dos peixes que comíamos de graça no Egito, dos pepinos, melancias, alhos-poró, cebolas e alhos! Agora estamos definhando à míngua de tudo. Não vemos outra coisa senão maná" (Nm 11,4-6). Moisés queixa-se a Deus: "Por que gozo tão pouco do teu favor, a ponto de descarregares sobre mim o fardo de todo este povo? [...] Sozinho não posso suportar todo esse povo. É uma carga pesada demais para mim" (Nm 11,11.14). As pessoas que ocupam cargos de liderança entendem essa queixa. Muitas vezes se sentem como Moisés. Sentem sua tarefa como um peso. Os colaboradores parecem não compreender o que eles desejam transmitir-lhes. A Moisés Deus ordena que tome setenta homens. Deus dará a estes setenta um pouco do espírito que repousa sobre Moisés, de modo que ele não tenha que carregar sozinho toda a responsabilidade. Muitos homens preferem ser esmagados sob a carga, em vez de distribuí-la sobre os ombros de várias pessoas e resolverem os problemas em comum.

GRÜN, A. *Kämpfen und lieben* – Wie Männer zu sich selbst finden. Vier-Türme-Verlag/Münsterschwarzach, 2003, p. 61-67.

# 3
# Liderar com metas

*Em tudo sigam todos a Regra como mestra,*
*nem dela se desvie alguém temerariamente.*
Regra de São Bento 3,7

*Eu sou o Caminho, a Verdade e a Vida.*
Jo 14,6

Todo aquele que não tem metas é um joguete do acaso e dos interesses alheios. Não pode contar com bons resultados, pois tudo o que consegue é, em última análise, obra do acaso, com que de fato pode alegrar-se, mas que não representou nenhuma "conquista", nenhuma "vitória". Por metas valiosas vale a pena trabalhar, elas são de fundamental importância para a satisfação e para o bem-estar. As metas atraem as forças – particularmente as forças do subconsciente –, conferindo-lhes rumo e vigor.

Conduzir a si próprio começa por impor metas a si próprio. Na medida em que o líder adquire experiência própria nesse terreno, ele poderá também passá-la adiante. Os colaboradores sentirão que seu coordenador vive o que exige, e assim se transforma em uma espécie de modelo.

Mas nós podemos também nos transformar em escravos de nossas metas. Quando o olhar está voltado unicamente para as metas e para os futuros resultados, quando não se enxerga mais o presente, perde-se aquilo que mais importa, perde-se a própria vida. As metas são como os marcos da estrada, elas indicam o rumo, mas não percorrem elas próprias o caminho. Justamente por isso é importante que *aqui e agora* se percorra o caminho com o olhar voltado para a meta.

## 3.1 A maneira prática de descrever as metas

Ao estabelecer e formular as metas, é necessário que sejam observados os seguintes critérios, para que as metas consigam motivar:

- **Metas concretas:** Formulações genéricas, como por exemplo "Eu gostaria de fazer mais pela minha saúde", ou "Eu quero ser um bom líder", não conseguirão provocar nenhuma atividade. Metas "concretas" significam ações concretas, que precisam ser mencionadas, por exemplo: "Toda semana vou fazer três vezes meia hora de natação", ou "Em toda entrevista vou fazer pelo menos três perguntas".
- **Metas verificáveis:** Um importante critério para uma boa formulação de metas é a possibilidade de avaliação. Quando isto não acontece, ninguém pode verificar se a meta foi alcançada, e não se experimenta nenhuma sensação de êxito alcançado.
- **Metas formuladas positivamente:** O que constitui a descrição da meta é o que deve ser alcançado – não o negativo, o que precisa ser evitado. Uma imagem atraente da situação ou do comportamento que se deseja confere rumo ao subconsciente, contribuindo assim de forma positiva para que a meta se realize.
- **Metas exigentes:** A meta deve constituir um autêntico desafio, deve provocar orgulho quando for atingida. A meta deve ser valiosa e importante, representar algo pelo qual vale a pena nos empenharmos.
- **Metas realistas:** É preciso que exista uma chance de a meta ser atingida. Não precisa necessariamente ser uma meta elevada. Por vezes se deve experimentar também algo mais exigente ou mais "impossível", quando isto for desejável para a meta.
- **Metas escritas:** Quem todos os dias lê de novo sua lista – que contém poucas metas importantes –, sempre há de sentir-se novamente inspirado por elas. Em geral, a formulação por escrito leva também a formulações precisas, e evita que as metas caiam no esquecimento.
- **Começar dentro de 48 horas:** No entusiasmo do início a energia para fazer alguma coisa é maior. Isto precisa ser aproveitado. Começar logo também nos torna modestos. É preferível

visar coerentemente poucas coisas do que produzir muitas ideias que permanecem na fase do desejo.

• **Perseverar por 28 dias:** Passados 28 dias, o hábito estará formado, de modo que surgirá um certo automatismo. Ao longo dessas quatro semanas a necessária superação para fazer alguma coisa, a força de vontade exigida, vai-se tornando cada vez menor. Com isto ela fica livre e se torna disponível para novas metas. 28 dias depois também se pode fazer um balanço: Valeu a pena? Será que consegui? Após 28 dias há de manifestar-se a alegria pela ação e pelo êxito alcançado. Os psicólogos chamam isto de "recompensa intrínseca": a satisfação se encontra na própria ação. Mesmo que no primeiro momento seja difícil, e que exija uma superação, no fim, o próprio esforço provoca prazer. Mas se esta alegria não se manifestar, dificilmente se conseguirá manter a ação unicamente pela força de vontade e pela disciplina.

Um bom catálogo de metas adequadas deve ser curto – abrangendo de quatro a dez metas – e conter não apenas metas de resultado mas também metas de comportamento. Metas de resultado estabelecem o que eu quero alcançar, e até quando. Metas de comportamento definem o que eu quero fazer, pôr em prática ou respeitar.

## 3.2 Desejo, intenção, meta, visão

De conformidade com as pesquisas atuais, em nosso ambiente cultural somente 3% das pessoas se impõem, consciente e perseverantemente, claras metas escritas. Para todas as demais pessoas as "metas" – caso de fato as tenham – não passam de uma intenção. Desejariam conseguir alguma coisa, porque nesse momento lhes parece útil. Tais intenções despertam pouca energia, quase sempre elas apenas ocultam uma meta que se encontra por trás. Isto pode tornar-se evidente se para cada intenção você fizer essa pergunta: "O que, em última análise, eu quero conseguir com isto?"

Outros deixam-se conduzir por desejos e sonhos. Desejos, sem dúvida, possuem algum sentido, mas para realizá-los nós dependemos dos outros. Quando crianças nós colocávamos na janela nossa lista de desejos endereçada ao Menino Jesus, e muitas pessoas não passaram desse estágio. Hoje elas apenas formulam seus desejos de uma forma diferente: "Se eu ganhar isto e aquilo, então..." Ou: "Primeiro os outros, depois, eu..." Porém os desejos são uma fonte certa de decepções, pois o mundo não é do jeito como nós desejaríamos que fosse.

---

**EXERCÍCIO**

**Impor metas a si próprio**

- *Organize – no computador ou na agenda – uma lista com suas metas importantes.*
- *Todos os dias dedique pelo menos alguns minutos a ler e refletir sobre suas metas.*
- *Estabeleça todos os dias o que você quer fazer hoje concretamente para realizar suas metas. Siga o caminho dos pequenos passos – mesmo as longas viagens são constituídas de pequenos passos.*
- *Seja realista e modesto. As metas devem levar a bons resultados.*
- *Reforme de tempos em tempos a lista de suas metas.*
- *Aceite a insegurança e o medo que sempre se manifestam quando você muda alguma coisa.*
- *Observe suas reações e seus sentimentos em caso de bom êxito e de fracasso.*

---

Visões são metas que apontam para além da própria pessoa. São imagens do futuro que orientam as pessoas, capacitando-as a grandes realizações. As pessoas muito bem-sucedidas sempre foram e são impulsionadas por visões. As visões provocam determinação e profunda convicção interior. Elas são uma fonte de energia que sempre de novo liberta novas forças.

Os visionários manifestam-se como fanáticos e como idealistas. Também os terroristas suicidas e os políticos que explodem bombas por uma boa causa são visionários. Mas o fanático dirige sua ação contra algo que ele considera mau ou injusto. O idealista engaja-se em favor de algo que por via de regra ajuda os que não dispõem de força na sociedade. O mandamento do amor ao próximo e a parábola do bom samaritano (Lc 10,29-37) mostram claramente qual é a exigência cristã. Aos fanáticos Jesus recomenda: "Eu vos digo: não resistais ao malvado. Se alguém te esbofetear na face direita, oferece também a outra" (Mt 5,39).

O caminho para as visões passa por uma vida consciente, com metas precisas.

## Exercício

### Autoteste de minhas metas

*Faça um X onde for o caso:*

| *A afirmação é correta:* | *plena-mente* | *predominan-temente* | *em parte* | *pouco* | *de modo algum* |
|---|---|---|---|---|---|
| *1. É cômodo trabalhar sem metas.* | | | | | |
| *2. Prefiro deixar a responsabilidade para os outros.* | | | | | |
| *3. Tenho sentimentos de culpa quando não consigo alguma coisa.* | | | | | |
| *4. Tenho falta de autoconfiança.* | | | | | |
| *5. Não tenho tempo para me ocupar com minhas metas.* | | | | | |
| *6. Nunca refleti sobre a importância das metas.* | | | | | |
| *7. Acho difícil comprometer-me.* | | | | | |
| *8. Tenho medo do fracasso e da crítica.* | | | | | |
| *9. Ainda não assumi plenamente a responsabilidade por minha vida.* | | | | | |
| *10. Na minha posição a gente já recebe as metas estabelecidas.* | | | | | |

*Assinale as respostas que mais o perturbam e tome a decisão de modificá-las.*

*Escreva o seu propósito e o que você quer fazer para alcançar a meta.*

É inevitável que, seguindo esse caminho para determinadas metas, você caia em crises maiores ou menores. Mas toda crise é um sinal claro dos processos de mudança, e assim ela sempre é também uma oportunidade. Para crise, os chineses têm um sinal composto: perigo e chance.

Se você quiser testar a atitude que teve até agora com relação às metas, pode servir-lhe de ajuda o teste do exercício da página seguinte.

## 3.3 De vítima a autor

As metas e o trabalho para atingi-las modificam a nossa experiência de vida. Com isto, configuramos nossa vida conscientemente, reduzindo assim o perigo de nos sentirmos vítimas. Todos gostamos de desempenhar o papel de vítima, com muito mais frequência do que percebemos – o sinal mais visível disto são as queixas.

Quando nos consideramos vítimas, somos "inocentes", os outros é que não prestam, e nós mesmos não precisamos nem podemos, fazer nada. Achamos, então, que o líder, o colaborador, o Estado, o cliente, a conjuntura... teriam que mudar. Neste exato momento o sentimento de "inocência" é uma sensação agradável e leve. Mas logo surgem os sentimentos desagradáveis, a raiva "dos outros".

Com esta disposição e atitude de vítima, nós apenas nos prejudicamos. Quem se sente vítima é incapaz de agir. Precisamos dar o passo para o outro lado: de vítima a autor, de alguém que se omite para alguém que empreende. Em todas as posições isso é possível, mas está exposto a riscos. Quando agimos, iremos cometer erros, e encontrar não apenas êxitos mas também fracassos. Encontraremos não apenas entusiasmo, mas também resistência. Expomo-nos à crítica dos outros.

Como "autores" nós sempre teremos que deixar nossa "zona de conforto", aquele terreno em que nos sentimos seguros, que conhecemos e que para nós é cômodo. É precisamente este o pressuposto psicológico para a satisfação e a sensação de felicidade, como tem sido constantemente comprovado pelos "estudiosos da felicidade": Mihaly Csikszentmihalyi, Ed Diener e outros. Só quando nos empenhamos e assumimos riscos é que, com o êxito, temos também a sensação de felicidade. Daí obtemos uma estratégia simples mas eficaz: agir, em lugar de lamentar-se!

Uma boa cultura da falha e um clima na empresa isento de angústias estimulam a disposição empreendedora dos colaboradores. Os fracassos são os companheiros naturais dos êxitos, devemos considerá-los bem-vindos, da mesma forma que os êxitos.

---

**EXERCÍCIO**

**Auto-observação das minhas "estratégias de lamentação"**

*Adote como meta do dia ou da semana uma boa observação das próprias estratégias de lamentação.*

- *Quando é que eu caio na autocompaixão?*
- *Quando é que reclamo da incapacidade dos outros?*
- *Como procedo comigo mesmo em caso de erro ou de fracasso?*
- *Por quanto tempo permaneço bloqueado por causa dos fracassos no meu trabalho?*
- *Gosto de atribuir os erros aos outros? – Evite as pessoas que estão constantemente a lamentar-se!*

*As lamentações provocam um clima negativo e incomodam também quem é obrigado a ouvi-las. É melhor você se aproximar dos "empreendedores" e otimistas. O clima positivo é contagioso, transmite energia e confiança.*

---

## TEXTO DE APROFUNDAMENTO
## Tomar decisões

*A passagem de "vítima" a "autor" – de alguém que depende daquilo que acontece para alguém que atua ele próprio – tem a ver com decisões. Estas, por um lado, são basicamente indispensáveis – no planejamento das grandes metas –, e por outro são necessárias também no dia a dia. Tomar decisões sempre significa assumir o risco de um eventual "erro" de planejamento. O texto a seguir pretende ajudar na importante questão de como tomar decisões.*

Qualquer um que dirija ou que lidere outros sempre terá que tomar novas decisões. Terá que decidir-se entre várias possibilidades. E frequentemente fica sem saber qual é o caminho certo. Pois não é possível se prever como serão as condições daqui a dez anos. Quem, na seleção, decide-se por um colaborador é obrigado a rejeitar os demais concorrentes. E nunca estará plenamente seguro de haver escolhido o mais capacitado.

Um empresário muitas vezes se vê colocado frente à decisão de investir ou de diminuir a empresa, de empregar ou de demitir pessoas. Tem que decidir que produtos deve fabricar e como deve reagir à situação do mercado. O diretor financeiro tem que decidir como empregar o dinheiro, se aproveita as taxas de câmbio, em que moeda e em que ações irá aplicá-lo. Também ele não tem qualquer garantia de haver tomado a decisão correta.

Muitas pessoas sentem dificuldades com esse tipo de decisão. Têm medo de haver tomado a decisão errada. Em casa, elas muitas vezes não conseguem se desligar. A cabeça está constantemente "ruminando" se a decisão foi correta, e que consequências ela poderá ter. Quem carrega no seu íntimo este peso é incapaz de uma verdadeira conversa, não consegue envolver-se com o contexto privado, com seus amigos, seus parceiros, sua família. Os próprios pensamentos ocupam-no por completo.

Não existem receitas patenteadas para se tomar decisões corretas, mas mesmo assim eu gostaria de apresentar algumas dicas para nos ocuparmos melhor com esse tema: [...] Muitos receiam que alguém possa atacar suas decisões. Mas com esse risco ele precisa se reconciliar. Logo que se toma uma decisão, se está exposto aos ataques. Sempre existem pessoas que mais tarde querem saber melhor. Temos que conviver com o fato de nossas decisões serem relativas e com o fato de podermos ser criticados e errar. Aquele que em todas as circunstâncias quer evitar todos os erros termina por fazer tudo errado. Pois falta-lhe a coragem para tentar algo novo. Ele fica girando em torno da própria segurança. Mas não tem liberdade para conduzir os colaboradores em território novo. Seja qual for a decisão, com ela eu estou entrando em um terreno inseguro. Por isso é indispensável ter a confiança de que se vai chegar a um bom resultado. Esta confiança, para mim, não é apenas uma tendência pessoal. Em última análise, ela está fundamentada em Deus, que abençoa a decisão, e que com sua bênção acompanha o caminho que essa abre.

Existem decisões que são tomadas de imediato. São muitas vezes rápidas. Os colaboradores gostam dos líderes que sabem decidir-se com rapidez e clareza. Isto favorece seu trabalho de colaboração. Mas existem também decisões que exigem um processo lento. Quando num curso de liderança no convento nós discutíamos sobre decisões na comunidade dos monges, o abade contou que nunca admitia decisões por votação. Ao perceber que havia muitas vozes contrárias ao projeto, ele adiava a decisão. Fazia com que as questões contenciosas fossem discutidas em pequenos grupos. Quinze dias mais tarde, muitas vezes a decisão podia ser tomada de uma maneira bem mais tranquila. Toda votação tem perdedores, e quando a frustração destes é muito grande, ela provoca agressões, que podem transformar-se em sabotagem ao projeto. Para os representantes das empresas isto constituía uma novidade. Quase sempre eles achavam que precisavam tomar suas decisões sob pressão. Mas é justamente isto que leva muitas vezes a dispendiosos chamados de reposição. O que em última análise custa muito dinheiro.

A rigor, sempre se trata da reta medida. Os perfeccionistas, muitas vezes, podem levar seus colaboradores ao cúmulo da irritação, por não conseguirem se decidir. Com decisões adiadas também se perde muito dinheiro. Decisões excessivamente rápidas, por sua vez, nem sempre são úteis, sobretudo quando há necessidade de serem constantemente revistas. É necessário que se tenha uma medida razoável, para saber quando uma decisão pode ser tomada de imediato ou quando é preferível que se deixe passar algum tempo. Por vezes é bom adiar uma decisão para o dia seguinte. Os sonhos, não raro, podem dizer-nos qual a decisão correta. Muitas pessoas têm sonhos tão claros que na manhã seguinte sabem exatamente qual a decisão que deve ser tomada. Outras, apesar de não se lembrarem mais dos sonhos, na manhã seguinte estão com uma visão mais clara e com a coragem de decidir-se.

Aquele que se decide em favor de alguma coisa, se decide ao mesmo tempo contra outra coisa, ou contra alguém. A muitos isto ocasiona dificuldades. Mas também aqui vale que é impossível agradar a todos. Não podemos fazer tudo ao mesmo tempo, nem podemos satisfazer os interesses de todos. Com toda decisão eu abro uma porta, ao mesmo tempo em que fecho outra. Não tem sentido ficar questionando mais tarde, e o tempo todo, a decisão tomada. Considerações desse tipo não têm cabimento. Ficar constantemente "ruminando" o que se poderia ter decidido diferentemente, ou que decisão teria sido melhor, é desperdício de energia. Afinal de contas a decisão foi tomada com todo conhecimento de causa e com plena consciência. O que irá decorrer da decisão já não se encontra mais em nossas mãos. Quando a decisão comprova-se como errada, caímos no fogo da crítica. Mas justamente isto talvez não seja tão mau assim para a própria imagem. Não é bom quando sempre se é visto como quem teve êxito. Reconhecer vez por outra a própria mediocridade e condição humana faz bem à própria pessoa e aos outros. Qualquer um pode cometer erros, exatamente como os demais.

Deve-se também evitar rediscutir uma decisão. Toda energia, pelo contrário, deve ser dirigida no sentido de que a decisão seja posta em prática. De fato, quando se enfrenta forte resistência, sempre é possível se decidir de maneira diferente. Esta resistência pode ser um desafio para impor as decisões com mais coerência, ou então para forçar uma revisão.

Há decisões que são corretas apenas por pouco tempo. Nesse caso elas precisam ser modificadas. Isto é perfeitamente normal, faz parte do jogo. Aquele que é responsável não se prejudica quando mais tarde modifica uma decisão. Mas a decisão não pode ser derrubada só porque de repente alguém começa a difundir um clima negativo, contagiando outros colaboradores. Sempre é também necessário que a decisão seja clara, para que o trabalho possa ir adiante.

GRÜN, A. *Leben und Beruf* – Eine spirituelle Herausforderung. 2. ed. Vier-Türme-Verlag/Münsterschwarzach, 2005, p. 79-84.

# 4
# ACEITAÇÃO E PROSSEGUIMENTO

*O abade odeie os vícios, ame os irmãos.*
Regra de São Bento 64,11

*Se alguém me quiser seguir, renuncie a si mesmo, tome sua cruz e me siga.*
Mc 8,34

O sucesso da liderança depende de maneira decisiva da aceitação que o líder tem. Irradiação e qualidades pessoais, como inteligência, capacidade de realização, credibilidade, saber o que quer são bons pressupostos para se obter obediência, mas podem também ser substituídos por outras. São incontáveis as tentativas de descrever as qualidades do líder ideal, e para cada qualidade podem ser apresentados exemplos em que o êxito está relacionado com o maior ou menor grau dessa qualidade. Mas pode-se também apresentar o mesmo número de exemplos em que as lideranças conseguem êxito apesar de lhes faltarem determinadas qualidades.

Para o bom êxito da liderança, muito mais importante do que "ter" determinadas capacidades ou qualidades é a disposição para se aprender sempre e para se desenvolver cada vez mais a própria personalidade. Atestados e diplomas sugerem que alguma coisa foi alcançada, que se chegou ao destino. Mas na condução das pessoas nós nunca chegamos à meta, sempre estamos apenas a caminho, sempre estamos aprendendo mais – e muitas vezes só com os erros cometidos.

Liderança pressupõe disposição para aprender, e com ela, admitir que se é imperfeito. Uma boa companhia para esse caminho é a virtude da humildade. A autossatisfação narcisista nos leva a esconder-nos por trás dos sucessos e das capacidades, mas com isto ela bloqueia a indispensável disposição para aprender. Nosso egocentrismo, ao girarmos angustiadamente em torno de nós mesmos, bloqueia a abertura para os outros. Esta falsa aprendizagem procura aumentar o nosso "ego" – nosso pequeno eu. Relativizá-lo é a meta de todos os cursos de espiritualidade. Quando descobrimos que nós somos muito mais do que este eu, ele perde seu poder sobre nós.

Da impressão que uma liderança causa sobre os outros depende se as pessoas estão dispostas a aceitar ideias ou a realizar expectativas. As pessoas possuem um sexto sentido para perceber se alguém está voltado para si próprio – para o próprio ego, para a própria carreira, a própria fama –, ou se o líder está interessado nas pessoas e na causa.

O prosseguimento, na prática, resulta de motivos de várias naturezas. As pessoas gostam de seguir alguém que possui poder, porque esperam, dessa pessoa, proteção e segurança. A riqueza atrai as pessoas que esperam também ter parte na riqueza. Mas todos esses motivos egoístas não produzem senão frutos limitados. Um seguimento que esteja voltado predominantemente para as próprias vantagens materiais ou sociais não leva a nenhum engajamento autêntico, nem a uma identificação com a tarefa e a empresa. Ele cessa quando a vantagem esperada deixa de existir, ou quando fica reduzida àquele grau de envolvimento indispensável para se evitar a demissão.

Muitos problemas quotidianos da liderança – como conflitos, resistências, rivalidades – ficam reduzidos, ou são vividos como chances de aprendizagem, quando o chefe é aceito pelos liderados em seu papel de líder. Esta aceitação alimenta-se, substancialmente, das seguintes fontes:

- conhecimento;
- capacidade;
- competência social;
- credibilidade e confiabilidade;
- personalidade e autenticidade.

Mas a experiência do êxito também tem seus perigos. Personalidades fortes e bem-sucedidas logo deixam de exercer crítica sobre si próprias. Quando tudo corre bem e a aceitação passa a ser uma experiência constante, muitas vezes as críticas e problemas deixam de ser percebidos. Nesse caso, também os liderados correm o risco de submeterem-se sem crítica e de transferirem a responsabilidade para o líder.

Este problema pode ser observado com particular frequência nos mestres espirituais e nos seus discípulos. A palavra indiana para mestre, "guru", originalmente neutra, adquiriu posteriormente entre nós uma conotação negativa. Em nossa esfera cultural existe a tendência de se idealizarem as pessoas que ocupam posições importantes, ou de as pessoas se submeterem a um "guru". Na história alemã, o "culto do líder" (*Führer*) é certamente um exemplo extremo, mas que manifesta com clareza os mecanismos e os perigos.

*Jesus convidava as pessoas a negarem-se a si mesmas: "Se alguém me quiser seguir, renuncie a si mesmo, tome sua cruz e me siga" (Mc 8,34). Muitas vezes esta palavra de Jesus é entendida erroneamente. Muitos acham que renunciar a si mesmo é se dobrar, é desistir de si mesmo. Mas a palavra refere-se à liberdade interior em relação ao ego. A palavra grega para "negar-se a si mesmo" significa, propriamente, resistir à tendência do ego de tudo monopolizar. É dizer não àquilo que o ego deseja obter: impor-se, satisfazer suas próprias necessidades, estar sempre no centro, aproveitar tudo para si. Quando digo não ao ego, eu chego ao meu próprio e verdadeiro eu.*

*Carl Gustav Jung faz distinção entre o "eu" e o "si-mesmo", ou* selbst. *O eu é o núcleo consciente da pessoa, mas o* selbst *é o centro da personalidade. No* selbst *eu estou inteiramente em mim; no* selbst, *com toda autenticidade, eu também estou aberto para Deus. Este* selbst *eu não posso renegar. Pois nele eu sou transparente para o meu verdadeiro ser, e transparente para Deus. Mas o ego precisa ser relativizado. Do contrário ele se infiltra em todo o nosso agir. Quando a liderança gira de maneira egocêntrica em torno de si mesma, ela não é reconhecida pelos colaboradores. Pelo contrário, eles zombam, por exemplo, do chefe de seção que sempre tem necessidade de ser elogiado, ou que gira sempre em torno de si mesmo. E percebem quando no líder tudo gira apenas em torno dele mesmo – de sua aceitação, de seu sucesso –, ou quando ele tem interesse pela causa, e principalmente pelas pessoas. A condição para se poder liderar bem é libertar-se do ego.*

## 4.1 Conhecimento

O conhecimento – sobretudo o conhecimento profissional – constitui um bom fundamento para a liderança. A competência profissional transmite segurança interior e provoca aceitação no contexto social. Mas como condição de liderança, o conhecimento já não possui a mesma importância fundamental que há cinquenta ou há cem anos. O conhecimento envelhece depressa, e em caso de necessidade ele pode ser adquirido. Assim existem ramos que fazem distinção entre carreira profissional e carreira de direção. Nesta última, especialistas altamente remunerados não chefiam nenhum colaborador, ou chefiam no máximo uns poucos colaboradores, mas na hierarquia da renda eles são colocados no mesmo plano que as lideranças responsáveis por muitos colaboradores. Competência profissional é sinal de superioridade intelectual. A capacidade para apreender rapidamente e para manter as novidades cria aceitação. É um indício de alerta e de clareza intelectual.

Mais importante para a liderança é o conhecimento que muitas vezes vem associado à competência metodológica. Isto se manifesta, por exemplo, na memória para os nomes. Os colaboradores têm muito respeito pelo líder que, mesmo em empresas com 300 ou mais colaboradores, conhecem cada um pelo nome. Nisto já se evidencia também uma grande competência social. A memória para os nomes pode ser treinada, é pura questão de exercício, além de ser também uma manifestação do interesse pelas pessoas.

Na sociedade atual, a sempre crescente maré da informação passa cada vez mais a ser um problema de todos os dias. Além do explosivo aumento do nosso conhecimento – hoje os especialistas admitem que o conhecimento da humanidade dobra a cada cinco anos –, quem contribui para a difusão do conhecimento é a mídia. As informações chegam às pessoas de uma forma sempre mais rápida e barata, inclusive também as informações indesejadas, ou as que as pessoas não conseguem assimilar. Estão se tornando importantes as técnicas para lidar com a maré de informações, como o apreender rapidamente o essencial.

## 4.2 Capacidade

"Capacidade", no contexto deste livro, significa a competência dos métodos, que vai desde a auto-organização até o gerenciamento de projetos. As pessoas que são bem organizadas em si mesmas e no seu trabalho conquistam o reconhecimento por parte do ambiente. Elas cometem menos erros, e no conjunto são mais eficientes. A crescente complexidade da vida profissional faz com que uma boa organização seja cada vez mais importante.

Mas nem todas as formas de organização são apropriadas para todos. As pessoas diferem muito quanto à capacidade de pensar o futuro e de fazerem planos adequados. Para o "caótico notório", a solução consiste precisamente em adquirir as competências que lhe faltam – e não na tentativa, nem sempre bem-sucedida, de desenvolverem capacidades que não fazem parte de sua personalidade.

Um exemplo: Em encontro com o orientador, um médico que ocupava função de liderança se queixa que, nas discussões de equipe, ele sempre deixa de ver pontos importantes ou esquece documentos. Por mais que se esforce e que tente organizar-se, todas as vezes ele chega ao mesmo resultado, que para ele não é satisfatório. A solução, relativamente simples nesse caso, consistiu em aceitar a limitação nesta área e em delegar a preparação das sessões. Por felicidade o médico-líder tinha uma secretária cujo ponto forte era exatamente este, e que se sentiu felicíssima em poder pôr em prática sua capacidade de uma forma adequada. Todas as informações para as discussões regulares da equipe convergiam para ela, que pouco antes da sessão entregava ao chefe apenas a lista dos pontos de discussão e os documentos correspondentes.

Também as pessoas que não dispõem de uma secretária podem compensar suas deficiências com base na equipe. Reconhecendo suas fraquezas, você muitas vezes pode organizar o trabalho de tal forma que suas deficiências sejam compensadas por outros. Por exemplo, alguém que sempre chega atrasado pode pedir a outros que lhes lembrem os prazos importantes. Dessa maneira as equipes podem conseguir grandes efeitos sinérgicos.

**DICA PRÁTICA**

**Organização**

*Toda semana dedique meia hora para planejar a "organização".*

*Muitas vezes a "organização" há de consistir apenas em arrumar, retirar e jogar fora. Retirar o que não tem mais serventia melhora sensivelmente a qualidade de vida. Os cantos desarrumados das prateleiras atraem sujeira e poeira, retirando também energia psíquica. Arrumação não é nenhum luxo. Num ambiente organizado e limpo todo mundo sente-se bem.*

*Nessa meia hora de organização, reserve também alguns minutos para refletir sobre a organização do seu trabalho. Percorrer novos caminhos exige certa dose de criatividade – ou de imitação dos outros –, e sobretudo energia para abandonar a área do conforto, da comodidade.*

## 4.3 Competência social

O engajamento dos colaboradores depende visivelmente da maneira como eles se sentem respeitados e levados a sério. Os célebres "experimentos de Hawthorne" – realizados depois de 1920 em Illinois, EUA – mostram como o cuidado e a valorização exercem influência sobre a motivação e o rendimento das pessoas. Os grupos de trabalho pesquisados pelos observadores passaram a ter a sensação de ser importantes. Eles eram vistos como "pessoas respeitadas", literalmente. Isto provocou uma permanente alta do rendimento, que de início não tinha explicação. Fossem quais fossem as condições objetivas de trabalho – iluminação, organização do ambiente, conforto corporal etc. –, os colaboradores em observação sempre se empenhavam por melhorar o rendimento. Aos poucos se chegou à conclusão de que o melhor rendimento não dependia das condições externas, mas sim da atenção que por conta do experimento era dedicada aos trabalhadores.

Atenção e valorização são os melhores recursos de motivação – e os mais baratos. Quando os chefes levam os colaboradores a perceber que são importantes, quando seu rendimento é visto e valorizado, eles também experimentarão prazer em envolver-se. Não existem senão poucas exceções a este efeito motivador da valorização. Isto não ocorre, por exemplo, quando por meio de experiências negativas as pessoas deixam de acreditar em si próprias e em sua capacidade de modificar a situação, ou quando não conseguem acreditar em seu próprio valor a não ser se comportando destrutivamente.

Uma forma de treinamento para a competência social veio dos Estados Unidos para a Alemanha: *Corporate Volunteering* (Voluntariado Unido). Os administradores estreantes são por vários meses enviados a projetos sociais – muitas vezes nos países em desenvolvimento. Eles vão, por exemplo, cuidar de crianças de rua na Índia, ou apoiar um projeto de minas terrestres na Eritreia. Algumas empresas encorajam e apoiam os colaboradores que se engajam gratuitamente. Desde então passaram a existir, mesmo na Alemanha, agências para intermediar projetos desse tipo (ver Apêndice).

As empresas descobriram que as experiências comunitárias – sobretudo quando em circunstâncias extremas – fazem com que aumente o espírito de equipe dos seus colaboradores. As experiências em projetos desse tipo vão muito além dos exercícios ao ar livre, como escalar uma parede rochosa, por exemplo. Os que participam de programas dessa natureza sentem quanta satisfação é possível se experimentar no engajamento pelos outros, fazendo-se algo possuidor de um profundo sentido. Eles têm que se orientar em um mundo desconhecido, exercitando o olhar para os contextos mais amplos. Os novos administradores – muitas vezes pela primeira vez na vida – experimentam a pobreza à flor da pele. Uma experiência como esta modifica a maneira de ver as coisas, essas pessoas aprendem a enxergar os outros. Um envolvimento dessa natureza com o próximo, e com ele a consequente valorização do outro, é uma condição importante para a liderança.

No dia a dia, a competência social pode ser exercitada olhando e percebendo como está sendo feito o trabalho, e também dizendo aos colaboradores, através do *feedback*, que seu rendimento está sendo apreciado, e que eles são importantes.

**DICA PRÁTICA**

**Realimentação constante**

*Dê a cada colaborador que você lidera pelo menos três vezes por semana uma realimentação positiva por algo que ele tenha feito satisfatoriamente.*

*Se o trabalho não corresponder a suas expectativas, diga a cada colaborador, logo que possível, como o trabalho deverá ser feito.*

*Toda realimentação, tanto a de confirmação quanto a de correção, motiva o colaborador, toda realimentação qualificada - mesmo quando crítica - transmite ao liderado a sensação de que ele está sendo visto, e que é importante.*

---

Uma parte muito importante da competência social consiste em conviver com os sentimentos. Só quando tivermos aprendido a perceber e conviver com os próprios sentimentos é que seremos capazes de perceber os sentimentos dos outros e de deixar-nos envolver por eles. São os sentimentos – e não em primeiro lugar o conhecimento – que determinam o comportamento das pessoas. Entusiasmo, alegria, mas também tristeza e raiva, tudo quanto nos move a alma move também a alma dos outros. Diz a boca do povo que "a faísca salta". Isto precisa ocorrer também na liderança.

## 4.4 Credibilidade e confiança

Diz um provérbio que, quando alguém mente uma vez, ele não merece crédito, mesmo falando a verdade. Na vida, muitas vezes não se trata de mentiras no sentido próprio – isto é, de afirmações falsas –, mas simplesmente de enfeitar as coisas, torná-las inofensivas, ocultar informações ou tratar negligentemente a verdade.

Esta conduta pode rapidamente pôr em risco o capital de "credibilidade", indispensável a uma liderança eficiente, e mais tarde não há de ser fácil reconstruí-lo. Por isso o cuidado na comunicação é de fundamental importância. Podem ser úteis aqui os seguintes princípios:

- Jamais falar mal a respeito de pessoas ausentes, ou:
- Sobre pessoas ausentes, só falar valorizando-as.

Os colaboradores admitem que a seu próprio respeito, quando eles estão ausentes, fala-se bem ou mal, assim como eles veem nos seus líderes, ou também nos colegas. Muitas vezes se pode observar que quem gosta de falar mal sobre quem está ausente, na sua presença fala de uma forma completamente diferente. Esta conduta é um caminho seguro para acabar com a credibilidade.

A coragem de fazer crítica direta faz com que as pessoas se tornem merecedoras de crédito. A pretensa desvantagem de sentir-se mal visto no momento logo será compensada de muitas outras maneiras. Quem faz crítica direta é considerado como uma pessoa sincera. Os demais ficam conscientes de que os problemas e as diferenças de opinião logo serão manifestadas, e que eles não precisam ter receio de deparar-se com surpresas desagradáveis. Quando a crítica é feita de imediato e sem rodeios, provoca um bom clima na empresa. E a crítica sempre estará voltada apenas para a conduta que não está em ordem, e não para as pessoas.

São Bento, na sua Regra, ensina como o abade deve proceder em caso de erros. Ele deve odiar os vícios e amar os irmãos (cf. Regra de São Bento 64,11). Impossível descrever de uma forma mais acertada como proceder com referência aos erros. Aquele que se sente valorizado como pessoa também pode, sem problemas, aceitar as observações sobre alguma conduta incorreta.

A credibilidade cresce na mesma medida em que também os coordenadores admitem seus próprios erros, sem pretenderem camuflar suas deficiências. Admitir as próprias deficiências ao mesmo tempo torna a pessoa mais tolerante para com as fraquezas dos colaboradores.

As pessoas nas quais podemos confiar constituem uma bênção. Elas trazem segurança e tranquilidade, mesmo nas situações difíceis. Ninguém gosta de ser visto como não sendo merecedor de confiança – mas mesmo assim não parece fácil chegar-se a merecer confiança. Os ambiciosos, e também os jovens e os inexperientes, tendem a considerar-se como possuidores de mais valor do que de fato possuem, e não conseguem tornar-se confiáveis, por se proporem metas excessivamente elevadas. A solução pode estar na modéstia. Ser menos pretensioso, lembrar os problemas atuais ou a falta de experiência são boas maneiras de se adquirir mais confiança. Por vezes se exige a coragem de simplesmente dizer "não", ou então de confessar a própria insegurança.

---

**DICA PRÁTICA**

**Para aumentar a própria credibilidade**

*Como coordenador, você deveria todos os dias utilizar amplamente as frases que seguem, mesmo que a coisa não esteja perfeitamente clara, ou que possa ser apresentada de outra maneira:*

- *"Foi falha minha."*
- *"Isto eu não sei."*
- *"Preciso de sua ajuda."*

*Observe estas regras:*

- *Os erros dos colaboradores são erros do líder (o líder fez alguma coisa errada).*
- *Os erros do líder são erros do líder (não há nada a ser enfeitado).*
- *Os êxitos dos colaboradores pertencem aos colaboradores.*
- *Os êxitos do líder pertencem a todos.*

---

## 4.5 Personalidade e autenticidade

"Conhece-te a ti mesmo!" Esta célebre inscrição no templo de Apolo em Delfos constitui uma tarefa para a vida inteira. A psicologia moderna pressupõe este autoconhecimento quando exige: "Torna-te quem tu és!" É desses dois aspectos ou tarefas – o autoconhecimento e o auto-vir-a-ser – que se trata, quando desejamos adquirir uma personalidade forte. Quer dizer, nós precisamos desenvolver sempre mais aquilo que está em nós.

A parábola bíblica dos talentos nos diz a mesma coisa: No fim nós iremos prestar contas do que fizemos com os nossos dotes. Os servos que aumentaram aquilo que lhes foi confiado são elogiados: "Muito bem, servo bom e fiel. Foste fiel no pouco, eu te confiarei muito" (Mt 25,23). E aquele que não desenvolveu seus talentos é severamente castigado. "Jogai fora na escuridão este servo inútil!" (Mt 25,30).

As personalidades fortes distinguem-se por haverem desenvolvido e continuarem a desenvolver os potenciais que se encontram nelas. Aprendem sempre mais – em todos os níveis e planos: competência profissional, competência metodológica, competência social. E acima de tudo, por sua conduta ética, constroem credibilidade e confiança. As personalidades dos líderes têm metas claras e uma boa autodisciplina, deixam-se conduzir por valores e princípios.

Exatamente essas mesmas características de conduta são encontradas nas listas daqueles psicólogos que, a partir de milhares de perfis pessoais, e em numerosas pesquisas comportamentais, descobriram o que torna as pessoas felizes: satisfação e felicidade não dependem do que as pessoas possuem nem do que chegaram a conquistar, mas sim do sentido que descobrem no seu agir, e de quanto são capazes de por seu próprio esforço para modificar o mundo para o bem.

As pessoas autênticas são aquelas que deixaram de encenar papéis e de se orientarem pelas expectativas do seu ambiente, as que passam a sempre mais conhecer-se a si próprias, e que mantêm a fidelidade a si mesmas. Nosso próprio rosto nós podemos ver no espelho. Nosso próprio ser nós podemos reconhecer no espelho do mundo que nos envolve. Este "espelho ambiental" nos é apresentado sempre que experimentamos crítica, que algo nos ocorre diferentemente do que havia sido planejado, ou sempre que surgem sentimentos negativos, como raiva e decepção. O exterior e os pretensos "culpados" nos mostram um pouco de nós mesmos. Nesse momento podemos escolher se iremos nos ver nesse espelho ou se preferimos combater o "mal" lá fora. Esta última opção é mais cômoda, por isso é preferida pela maioria das pessoas. Mas então a oportunidade de aprender e de amadurecer é desperdiçada.

O caminho para si mesmo é descrito em muitos contos e mitos como uma "luta contra o dragão". Quando vencemos o dragão, nós nos tornamos quase invulneráveis como Siegfried, ou conquistamos o tesouro que estava sendo guardado pelo dragão. Lutar contra um ser perigoso e aterrorizante é uma imagem do processo de amadurecimento do ser humano, que se caracteriza por crises e riscos. O dragão está dentro de nós mesmos. Podemos evitá-lo, podemos retrair-nos para o que nos é familiar, para nossa "zona de segurança", ou podemos enfrentar o nosso medo. Esta última escolha, na prática, muitas vezes é dolorosa, vem acompanhada de derrotas ou de fracassos. Mas interiormente ela nos enriquece e nos fortalece.

---

**DICA PRÁTICA**

**Para chegar à própria personalidade**

- *Aprenda a aceitar a si próprio, com todos os seus pontos fortes e fracos, com seus erros e suas habilidades. Aceite de todo o coração suas próprias imperfeições.*
- *Substitua a exigência da perfeição pela da integridade. Isto inclui suas falhas, suas sombras, seus aspectos menos brilhantes.*
- *Em vez de querer sempre ser bom, você pode esforçar-se por a cada dia se tornar melhor. Para isso estabeleça diariamente metas concretas.*
- *Procure um companheiro qualificado, um amigo, um orientador, um diretor espiritual, que o anime e que também lhe apresente o espelho da crítica.*
- *Seja modesto, sobretudo em relação a si próprio. Proponha para si mesmo pequenas metas, que possam ser alcançadas facilmente, e nisso seja coerente e autocrítico.*
- *Aproveite os antigos caminhos da sabedoria e as experiências neles contidas.*

---

## TEXTO DE APROFUNDAMENTO
## Respeitar as pessoas

*Um fator de substancial importância para a aceitação e o seguimento é a elevada competência social do líder. Ela também está associada à valorização dada aos colaboradores. A Regra de São Bento, da qual são interpretadas algumas passagens no texto a seguir, nos fornece um pano de fundo espiritual: No nosso semelhante é Cristo que vem ao nosso encontro! Mesmo quando a própria atitude não é vista por nós tão diretamente como cristã, um olhar para São Bento deixa bem claro que na empresa se trata da dignidade de cada pessoa, individualmente, de fazer justiça não somente às metas da empresa, mas também aos colaboradores. Isto significa também desafiá-los positivamente.*

Mas, além do respeito na oração, Bento nos fala também do respeito que devemos mostrar para com as pessoas. O respeito se aplica, primeiramente, em relação ao superior: "Por isso, se é preciso pedir alguma coisa ao superior, que se peça com toda a humildade e submissão" (Regra de São Bento 6,7). Mas os monges devem tratar-se também um ao outro com o mesmo respeito: "Por isso, honrem os mais moços aos mais velhos que eles e os mais velhos amem aos irmãos mais moços. No próprio modo de chamar pelo nome, a ninguém seja permitido chamar o outro pelo simples nome, mas os mais velhos chamem aos mais moços pelo nome de irmãos e os mais moços chamem aos mais velhos de 'nonos', o que significa reverência paterna" (*quod intelligitur paterna reverentia*)" (Regra de São Bento 63,10-12).

E numa época em que todas as formas de tratamento humano haviam caído por terra, Bento descreve como deve ser o respeito na convivência mútua: "Em qualquer lugar em que se encontrem os irmãos, peça o mais moço a bênção ao mais velho. Passando um mais velho, levante-se o mais moço e ceda-lhe o lugar, e não presuma o mais moço se assentar junto, a não ser que o convide o seu irmão mais velho, a fim de que se faça o que está escrito: Antecipando-se mutuamente em honra! (*honore invicem praevenientes*)" (Regra de São Bento 63,15-17).

Na mútua convivência diária trata-se do mistério do outro, e de que cada um se transforme em bênção para o outro. Toda pessoa é para a outra uma fonte de bênção. Quando aceitamos isto em relação aos outros, passamos a tratar-nos mutuamente de uma forma diferente. Não existe aí qualquer concorrência ou desconfiança se os outros vivem ou não segundo as normas. O que determina a relação das pessoas entre si é uma atitude basicamente positiva. Esta fé, de que um pode tornar-se uma bênção para o outro, corresponde com muita profundidade à espiritualidade da criação.

A razão do respeito para com as pessoas é a crença de que em cada pessoa é Cristo que vem ao nosso encontro. Nos hóspedes, nos enfermos, nos pobres e peregrinos, em todo estrangeiro, é o próprio Cristo que é acolhido. "Todos os hóspedes que chegarem ao mosteiro sejam recebidos como o Cristo, pois Ele próprio irá dizer: Fui hóspede e me recebestes. E se dispense a todos a devida honra, principalmente aos irmãos na fé e aos peregrinos" (Regra de São Bento 53,1s.).

Com o correr dos séculos, a hospitalidade beneditina tornou-se proverbial. Ela leva adiante a hospitalidade que na igreja primitiva era a característica dos cristãos, e que era sagrada tanto para os gregos quanto para os romanos. Pois no estranho que nós acolhemos, assim pensavam os gregos, é possível que o próprio Deus venha ao nosso encontro. O grego Lucas descreve Jesus como o divino viandante, que sempre chega como hóspede às casas das pessoas, trazendo-lhes como dons divinos a paz e a salvação. Em Jesus, o próprio Deus visita o seu povo: "Pelo coração misericordioso de nosso Deus ele nos visitará como luz do alto" (Lc 1,78). A partir desta fé dos primeiros cristãos, nós podemos compreender quando Bento escreve: "Na saudação mostre-se toda a humildade. Em todos os hóspedes que chegam e que saem: com a cabeça inclinada ou com todo o corpo prostrado por terra, adore-se o Cristo que é recebido na pessoa deles" (Regra de São Bento 53,6s).

O que importa, pois, não são as diferenças sociais, mas unicamente a dignidade humana que cada um possui por ser criatura do Pai amoroso, e porque nele o próprio Cristo está presente como seu fundamento mais íntimo. Assim, no capítulo sobre o abade, Bento cita Gálatas 3,28, onde Paulo manifesta a experiência dos primeiros cristãos sobre a igual dignidade de todos os seres humanos: "Porque, servo ou livre, somos todos um em Cristo" (Regra de São Bento 2,20). Esta fé em Cristo presente no irmão e na irmã criou uma cultura da convivência humana, que hoje em grande parte veio a se perder. É uma cultura do respeito, em que cada um pode ser quem é, em que cada um pode viver a imagem única que Deus se fez dele para si. O respeito não quer penetrar no mistério da pessoa, ele deixa a cada um seu espaço pessoal. Existe hoje uma despudorada caça pelas intimidades das pessoas. A morte da fama, a que muitas vezes este sensacionalismo leva, mostra como tal falta de cultura no convívio mútuo é em última análise uma negação da vida. O respeito beneditino ao mistério de cada pessoa nos poderia favorecer bem para que na convivência mútua pudesse surgir uma nova cultura.

Para Bento, o respeito à pessoa humana possui efeitos muito concretos para o trabalho. Isto transparece com particular clareza nos capítulos sobre a liderança, no capítulo sobre o abade e o celeireiro. Deste Bento exige que ele não entristeça os irmãos. Não é a vantagem econômica que ocupa o lugar mais importante, mas sim o respeito à pessoa humana. O que Bento exige do abade e do celeireiro é hoje tão atual quanto naquele tempo. Hoje as pessoas são sacrificadas não apenas no altar do lucro, mas com muita frequência também no altar da própria ideologia. Pode ser uma ideologia espiritual ou uma ideologia política. Mesmo a ecologia pode transformar-se em ideologia. Então ela se torna cega para o valor da pessoa individual. Nunca devemos obrigar as pessoas a vestirem a "camisa de força" de nossa ideologia. Trata-se de ver o valor de cada um e de fazer justiça à pessoa concreta. O respeito está acima de toda ideologia. Ele se inclina diante da pessoa individual e a deixa na sua unicidade. A pessoa não é rebaixada, mas sim reerguida.

Como pode ser concretamente o mistério de cada pessoa, Bento o descreve nos dois capítulos sobre o abade. O objetivo não é a disciplina, não é a imposição de todas as ordens e prescrições, mas sim o crescimento de cada um e da comunidade. Crescimento é um conceito típico da espiritualidade da criação. Devemos não apenas tratar bem a natureza, mas também uns aos outros, de tal modo que cada um possa crescer mais e mais, se aproximando da estatura que Deus estabeleceu para ele. Conduzir, para o abade, significa servir à peculiaridade de cada um, produzir neles vida. "Segundo a maneira de ser ou a inteligência de cada um, de tal modo se conforme e se adapte a todos, que não somente não venha a sofrer perdas no rebanho que lhe foi confiado, mas também se alegre com o aumento da boa grei" (Regra de São Bento 2,32).

O respeito a cada um se manifesta precisamente no convívio com os irmãos mais fracos, aqueles que sempre se sobrepõem às normas. Bento sabe que os líderes muitas vezes só vêem os ideais da comunidade, e por isso sobrecarregam os indivíduos. De tanto zelo pela vontade de Deus eles passam por cima da capacidade de cada um. Por isso, Bento exige do abade: "Na própria correção proceda prudentemente e não com demasia, para que, enquanto quer raspar demais a ferrugem, não se quebre o vaso" (Regra de São Bento 64,12). Para Bento, a arte da direção consiste em que o abade possua o dom do discernimento, a chamada *discretio*, considerada por Bento a mãe de todas as virtudes: "Assuma esse e outros testemunhos de discrição, mãe das virtudes, equilibre tudo de tal modo que haja o que os fortes desejam e que os fracos não fujam" (Regra de

São Bento 64,19). Ambos precisam sentir-se desafiados, tanto os fortes quanto os fracos, mas nenhum às custas do outro, e sim da maneira como está de acordo com sua compreensão.

O respeito ao mistério da pessoa humana, à sua condição de criatura, à dignidade de cada um e a fé na presença de Cristo em cada pessoa levaram a uma cultura própria da convivência humana. Quando se chega a uma família ou a uma comunidade conventual, logo se percebe como as pessoas convivem umas com as outras. É uma característica do estilo beneditino que não se toca no mistério de cada um, que não se procura penetrar em tudo com curiosidade, como hoje, na era da mídia, é considerado moderno. A convivência é marcada não só pela cordialidade, mas também por certa distinção e distância, que exclui a falsa camaradagem ou uma convivência aburguesada. E distingue-se também pela tolerância. Vê-se Cristo em cada um, também nos hóspedes que não deixam uma impressão piedosa, que há muito saíram da igreja ou que são céticos em relação a toda religião. Mesmo para estes existe lugar em um convento beneditino. Ali eles podem ir em busca das raízes do seu próprio mistério.

Em muitas escolas, também em empresas e associações, logo se percebe que na convivência não existe respeito mútuo, mas, em última análise, unicamente desprezo. O desprezo pelas pessoas por vezes se escondem em uma fachada amável. Outros grupos são marcados pela rivalidade e pela concorrência. O outro, basicamente, é o adversário que precisa ser combatido e vencido, para que eu me saia bem. Tal convivência contradiz à espiritualidade da criação. Não se trata aqui do crescimento de cada um, mas apenas da vitória do mais forte. Uma tal mentalidade belicosa leva não apenas a uma grande quantidade de vencidos, encurvados e feridos, mas também, em última análise, à exploração do mundo. O desprezo pela pessoa humana reflete-se no desprezo pela criação. Também a criação só é usada para se alcançar a própria vantagem. Para um convívio respeitoso com as pessoas e as coisas tem-se necessidade de uma espiritualidade nova, que reconheça o valor de cada um, que perceba e admire o mistério presente em cada um e no todo.

GRÜN, A. & SEUFERLING, A. *Benediktinische Schöpfungsspiritualität (Münsterschwarzacher Kleinschriften 100)*. 2. ed. rev. e atual. Vier-Türme-Verlag, Münsterschwarzach, 2002, p. 36-43.

# 5
# CONDUZIR COM VALORES

*E saiba [o abade] que coisa difícil e árdua recebeu: reger as almas e servir aos temperamentos de muitos; a este com carinho, àquele, porém, com repreensões, a outro com persuasões.*

Regra de São Bento 2,31

*Todo aquele que ouve estas minhas palavras e as põe em prática será como um homem prudente, que construiu sua casa sobre a rocha.*

Mt 7,24

*Em nossa época, muitas empresas passaram a apostar nos valores. E muitas lideranças percebem que é um erro considerar apenas os resultados obtidos e deixar-se pressionar por eles. Buscam, em suas empresas, chegar aos valores.*

*Nas normas foram muitas vezes estabelecidos valores nos quais as empresas pretendem agir. Não obstante, muitas lideranças se queixam de que esses valores estão escritos em papel brilhante, mas quase não têm o mínimo efeito no dia a dia da empresa. Gostariam de saber como levar em conta, concretamente, os valores estabelecidos pela coordenação. Para as lideranças, os valores, por um lado, deveriam ser modelos para o comportamento, mas por outro lado também fontes de onde elas pudessem abastecer-se.*

*Os valores de que aqui se trata atribuem uma dignidade intocável não só à pessoa individual como também à comunidade. Sem valores, a pessoa sente-se "desvalorizada". A ausência de valores a oprime. Muitos, é verdade, tentam adquirir valor junto às pessoas por meio de um alto rendimento. Mas não o conseguem. Quem, por medo da própria desvalorização, procura chegar a um rendimento sempre maior com o fim de terminar sendo visto e alcançar prestígio, sempre há de decepcionar-se. E o medo do próprio desvalor há de então acompanhá-lo e dominá-lo nos seus maiores sucessos.*

*Por isso é importante saber que só poderemos nos dirigir por valores quando tivermos consciência do nosso próprio valor. Aquele que sente seu próprio valor e sua intocável dignidade não tem necessidade de constantemente se orientar pela aceitação. Já não precisa orientar-se pelos valores que são pesquisados, ele vive do que se encontra no seu interior. Adquire sua própria autenticidade, não precisa mais estar sempre se adaptando às opiniões dos outros.*

## 5.1 Que são valores?

*Desde Platão, a filosofia grega fala sempre de quatro valores básicos: justiça, fortaleza, temperança e prudência. Os valores são chamados de "areté", cujo significado é competência e força. Em latim isso é traduzido por "virtutes". São fontes de força. Os valores conferem força e poder interior às pessoas. São uma fonte de onde podemos abastecer-nos sem que logo ela fique esgotada.*

*Em português, nós falamos de virtudes. A virtude é necessária para minha vida ter valor, para que seja bem-sucedida. A palavra "valor" é proveniente do latim "valere", que pode ser traduzido por "ser forte e sadio". Os valores, portanto, são a condição para que a pessoa possa viver com saúde.*

*Os valores também tornam a empresa sadia e conferem-lhe força de maneira permanente. Se uma empresa apreciar os valores, ela há de criar também valores financeiros. Com o correr do tempo tornar-se-á valiosa (ao passo que a busca do lucro imediato muitas vezes consome todo o valor de uma empresa).*

*Em filosofia, muito já se refletiu sobre os valores, a começar pela filosofia grega (já mencionada), chegando até os nossos tempos. Friedrich Nietzsche acha que o ser humano põe valor nas coisas. O homem é por essência aquele que avalia. No início do século XX, Max Scheler desenvolveu uma ética própria dos valores. Segundo ele, os valores não são propriedades das coisas, mas sim "fenômenos claros e sensíveis". Para Scheler os valores existem por si e são independentes das apreciações humanas. Scheler considera que existe uma ordem entre os valores: os mais elevados são os valores pessoais, só depois é que vêm os valores das coisas e dos bens.*

*Segundo Max Scheler, os valores também não podem perecer. E também não podem modificar-se. Quando falamos hoje em mudança dos valores, queremos dizer que as pessoas têm uma relação diferente com os valores, que elas veem a medida dos valores de uma forma diferente. Mesmo hoje as pessoas vivem de acordo com os valores. Diz-se que os valores de obrigação – como disciplina, obediência, diligência e cumprimento do dever – são menos respeitados, e que em lugar deles os valores da autorrealização e do engajamento – como emancipação, participação, igualdade de direitos, autonomia, criatividade, espontaneidade, emocionalidade e independência – passaram a ocupar o primeiro plano.*

*Na teologia moral fala-se antes de tudo dos valores morais, com isto se entendendo os objetivos pelos quais a pessoa se orienta no seu pensar e agir. Os valores referem-se às formas comportamentais da pessoa (como justiça, fidelidade, amor ao próximo, tolerância) e mostram-nos as condições para que nossa vida obtenha êxito (por exemplo, liberdade, vida). A teologia assume os valores da filosofia grega, mas completa-os com os valores tipicamentes cristãos, como fé, esperança e caridade – esta última concretizando-se, por exemplo, na disposição para servir e ajudar, na solidariedade e na dedicação aos fracos e enfermos.*

## 5.2 Conduzir pelas quatro virtudes cardeais

*Embora, com a mudança, outros valores tenham passado a figurar em primeiro plano, mesmo os valores modernos estão relacionados com as quatro "virtudes básicas", ou virtudes cardeais, como estabelecidas pelo filósofo grego Platão, e como foram desenvolvidas na teologia cristã sobretudo por Tomás de Aquino. O que importa é como, em face da mudança dos valores, nós iremos interpretar hoje essas quatro virtudes cardeais, e que ênfase podemos dar a essa interpretação.*

### 5.2.1 *Justiça*

*A justiça, para Platão, não é em primeira linha uma virtude social. Ela, pelo contrário, se refere antes de tudo à atitude de cada ser humano para consigo mesmo. Eu devo ser justo comigo mesmo. Devo ser justo com as diversas forças da alma, devo conviver retamente com meu espírito e com meu corpo. Pois só poderei viver retamente se for justo para com minha própria natureza, se não viver contrariamente ao meu ser mais íntimo.*

*Para Platão a justiça é a condição para a saúde, que hoje é considerada pelas pessoas como um valor muito elevado. Em todas as circunstâncias nós desejamos ter saúde. Mas com muita frequência as numerosas propostas destinadas a favorecer a saúde não nos levam realmente a uma vida sadia. Elas muitas vezes surgem de um intenso girar em torno de si próprio. E aquele que apenas gira em torno de si próprio não faz justiça à sua natureza humana – pois o ser humano sempre é também um ser social. Faz parte do ser humano a fecundidade. Quem gira unicamente em torno de si próprio torna-se "infecundo", isto é, dele não resulta coisa alguma. E quem não espalha vida nem ideias, este se endurece e não vive satisfeito. O valor da saúde, em torno do qual ele gira, bem depressa se transforma no oposto.*

*Justiça em relação a mim mesmo pressupõe que eu pesquise o mistério do ser-homem em mim mesmo. De que é que realmente eu sou constituído? E como faço justiça a mim mesmo e à minha natureza?*

*E justiça sempre é também uma virtude social. Devo fazer justiça às pessoas em torno de mim. O teólogo medieval Tomás de Aquino define a justiça como* suum cuique, *dar a cada um o que é seu, conceder a todos o que compete a cada um. A justiça social é hoje uma condição para a paz no mundo. Quem semeia justiça colherá a paz, diz a Bíblia. Sem uma justa distribuição dos bens, sempre se há de chegar novamente a disputas e a guerras. A justiça, sobretudo na era da globalização, é um desafio constante, não só para a política como também para a economia.*

*Na empresa a justiça é a condição para que possa haver um bom clima. Quando se sentem tratados injustamente, os colaboradores de alguma maneira irão vingar-se do prejuízo daí resultante, seja negan-*

*do-se ao trabalho, seja tomando para si o que consideram justo. Nesse caso, porém, irão aumentar as intrigas, as mentiras, a constante busca da própria vantagem. Mas a justiça em relação aos colaboradores não significa tratar todos da mesma maneira.*

*São Bento, em sua Regra, que já tem 1500 anos de idade, rejeita esta justiça igualitária. Pelo contrário, a arte da liderança consiste, para o abade, em levar em conta a peculiaridade e a compreensão de cada um, e em tratá-los de acordo com isso. "E saiba que coisa difícil e árdua recebeu: reger as almas e servir aos temperamentos de muitos" (Regra de São Bento 2,31). Portanto, é uma arte reger com justiça e tratar adequadamente cada colaborador, com suas peculiaridades, com suas diferentes origens e histórias de vida. É preciso que se tenha muita empatia com a mentalidade de cada um para tratá-lo com justiça. E é necessário que se esteja livre do próprio ego, para conduzir com justiça os colaboradores.*

*Em nossa maneira de liderar, com muita facilidade introduzem-se predileções por determinados colaboradores. Damos preferência àqueles que nos confirmam ou que não nos criam dificuldades. A justiça exige uma clareza interior e uma liberdade em relação aos colaboradores. O justo libertou-se da necessidade de ser amado por todos, de ser reconhecido por todos. Precisamente por ser justo, ele não precisa dar razão a todos, mas é capaz de fazer o que é certo, o que realmente faz justiça a todos.*

### *5.2.2 Fortaleza*

*A fortaleza, de início, era a virtude dos soldados e dos atletas. Os antigos filósofos entendiam a fortaleza como uma atitude íntima perante a vida. Com esta palavra eles se referiam não a uma valentia no combate, mas sim à disposição para defender os valores que admitem como bons. Fortaleza tem a ver com persistência, e manifesta-se lado a lado com a liberdade interior. Aquele que combate corajosamente pelos valores que considera corretos também poderá ferir-se. Ele há de experimentar resistência. Tornar-se-á experiente, e se interrogará se não impôs com excessivo zelo os valores. Passará a ser uma pessoa experiente. Porém, se apesar de toda autoanálise, ele reconhecer que deve se-*

*guir adiante no seu caminho, não há de se deixar tolher pela resistência. Continuará a empenhar-se pelos valores. Não há de sentir-se ofendido quando os outros lhe fazem resistência. Aceita o desafio e o conflito. Deixa-se envolver pelo combate e luta com recursos limpos.*

*De fortaleza, hoje não se consegue perceber muita coisa. Na política existem muitos populistas que se orientam pela aprovação das pessoas e que falam aquilo que as pessoas querem ouvir. E mesmo na economia, homens e mulheres fortes constituem antes uma raridade. É verdade que as lideranças não se orientam pelos resultados das pesquisas de opinião. Mas muitas vezes elas não se animam a opor-se às normas impostas de cima ou de fora, mesmo reconhecendo que elas não fazem bem à empresa e que sobrecarregam os colaboradores. Ou então impõem suas normas sem falar com os colaboradores. Ficam entrincheirados por trás das "imposições da situação". Quando têm que despedir alguém, fazem-no de uma maneira o mais possível anônima, e sem falar com o colaborador. Ou se escondem, na entrevista, por trás de uma fachada de frieza e rispidez. Não olham o outro nos olhos, não se colocam no seu lugar.*

*Isto é falta de fortaleza. Mesmo quando eu exijo de alguém algo difícil, eu tenho que poder continuar olhando-lhe nos olhos. Tenho que discutir com ele. Tenho que expor-me a ele – mesmo com minha própria fraqueza e com minhas dúvidas e objeções.*

### 5.2.3 A reta medida (ou temperança)

*A reta medida, como virtude, não tem o significado de mediocridade. Na Regra de São Bento existem três palavras para descrever a reta medida. A* **primeira**, temperare – *"moderar, dirigir, orientar" – provém da palavra "tempo". Encontrar a reta medida para mim e para as pessoas que convivem comigo significa, portanto, antes de tudo, descobrir o tempo certo. E conduzir, segundo a Regra de São Bento, está relacionado com a boa organização do tempo para meus colaboradores, com o não exigir demais do tempo deles, nem também de menos. Faz parte da liderança estruturar bem o tempo de trabalho.*

*Ouvi falar de uma empresa em que o líder realiza rodadas de discussão que se prolongam por várias horas. Este líder, aqui, não soube encontrar a reta medida. As discussões, por vezes, chegam a durar dez horas. Esta não está sendo uma liderança competente, pois com isto eu apenas provoco agressões. Para São Bento, liderar significa criar uma boa e sadia estrutura do tempo, estruturar o trabalho de tal forma que a duração provoque prazer. Isto se aplica tanto ao próprio trabalho quanto ao trabalho dos colaboradores.*

*Tempo sempre existe, mesmo que hoje muitas pessoas se queixem de não ter tempo. Mas o tempo é limitado, sempre há o perigo de o tempo esgotar-se. Quando isso ocorre, o tempo passa a ser um adversário. Mas o tempo, na realidade, é um amigo. Friedrich Schiller se refere ao tempo como o anjo da pessoa. O tempo passa a ser um amigo quando eu o respeito e vivo com ele – em vez de viver contra ele. Disto faz parte o meu envolvimento com o ritmo que é adequado à minha vida. Todos nós temos o nosso "biorritmo". Quem vive contrariamente ao seu biorritmo, adoece. Quem o respeita, trabalhará mais e com mais eficiência do que quem reclama do tempo. O líder precisa levar a sério seu próprio ritmo, deve contribuir para que os colaboradores possam trabalhar num ritmo sadio.*

*A* **segunda** *palavra para temperança é* mensura, *"medida". É a medida correta. Tenho que levar em conta a medida das minhas forças físicas e espirituais. Mas qual seja a minha medida, eu só chego a saber quando alguma vez a tiver ultrapassado. Existem também colaboradores que, por medo de serem exigidos acima de sua medida, fazem-se sempre menores e mais estreitos. Nunca chegam à plenitude de suas forças. Sua vida permanece sempre medíocre. Por algum tempo eu também posso trabalhar acima das minhas forças. Mas a longo prazo eu fico devendo a mim mesmo observar a minha medida. Se não o fizer, logo minhas forças irão esgotar-se. A arte fala da "harmonia" com que, por exemplo, os escultores gregos representavam as pessoas. Para os gregos, a reta medida é também o belo.*

*Porém, manter a medida não se refere apenas a mim pessoalmente. Eu preciso também ver qual é a medida dos colaboradores, e qual a reta medida administrativa. Aquele que não tem medida no uso do dinheiro, logo terá prejuízo. Aquele que quer crescer sem medida, depara-se com uma montanha de dívidas que não consegue mais enfrentar, se é que seus planos não já caíram todos por terra.*

*Ter senso de proporção em todos os investimentos é uma necessidade absoluta para o bem de uma empresaa. Hoje se fala de administrar com perseverança. Isto se refere não apenas aos recursos da natureza mas também à força dos colaboradores. Uma liderança que constantemente sobrecarregue os colaboradores peca contra os princípios da durabilidade. É preciso, pelo contrário, que os colaboradores sejam conduzidos de tal forma que a longo prazo eles possam empenhar com eficiência sua força de trabalho. Liderança sem moderação mais dia menos dia irá deparar-se com o castigo. A proporção de doenças aumenta e o rendimento cai cada vez mais. Só quem tiver senso de proporção é que dirigirá bem por muito tempo.*

*A* **terceira** *palavra para a reta medida é a* discretio, *"discrição". É o dom do discernimento. São Bento exige do abade: "Quer seja de Deus, quer do século o trabalho que ordenar, faça-o com discernimento e equilíbrio, lembrando-se da discrição do Santo Jacó, quando diz: Se fizer meus rebanhos trabalhar andando demais, morrerão todos num só dia. Assumindo esse e outros testemunhos da discrição, mãe das virtudes, equilibre tudo de tal modo que haja o que os fortes desejam e que os fracos não fujam" (Regra de São Bento 64,17s). O abade, portanto, precisa discernir o que deve ser exigido de cada um. "Discrição" não significa a mesma medida para todos. Significa, pelo contrário, a arte de reger de tal forma que possa aproveitar tanto aos fortes como aos fracos. Os fortes precisam ser desafiados, os fracos precisam não desanimar. Para mim, neste princípio se manifesta uma grande sabedoria. A liderança deve servir a ambos: aos fortes e aos fracos. Não deverá fixar-se nem nos fracos nem nos fortes. Uns e outros querem ser exigidos – segundo sua capacidade, e de acordo com a própria medida.*

*A reta medida no tempo, a reta medida nos recursos e o reto discernimento, estes são os valores que conferem a uma empresa uma estrutura de clareza e estabilidade interior. A reta medida preserva-nos do nervosismo que hoje predomina em muitas empresas, de uma excessiva mobilidade e mudança, que a longo prazo muitas vezes traz pouco resultado. Para se encontrar a reta medida tem-se necessidade de muita calma interior, de achar o próprio ponto de equilíbrio. A partir deste, o caminho para a meta não é muito longo. Mas quando eu tenho constantemente de correr atrás de mim mesmo, eu estou es-*

*banjando o meu tempo. Apesar de sempre estar ocupado, os resultados são medíocres. Eu fico andando de um lado para o outro.*

*A reta medida também está relacionada com a disciplina. São Paulo diz na Primeira Epístola aos Coríntios: "Eu corro, mas não vou sem direção; eu luto, mas não como quem dá socos no ar. Porém castigo meu corpo e o domino, para que não suceda que, tendo sido arauto para os outros, venha eu a ser reprovado" (1Cor 9,26 s). Aquele que age a partir do seu próprio ponto de equilíbrio e de sua própria liberdade está caminhando em direção à meta, e também levando seus colaboradores a buscarem a meta, juntamente com ele.*

### *5.2.4 Prudência e sabedoria*

*A prudência é uma virtude prática. Não tem o significado de astúcia, mas sim de um sentido para o que é certo no momento certo. Prudência não pode ser adquirida através do conhecimento, mas sim desenvolvendo a própria intuição e sensibilidade para o momento. Quando numa sessão as frentes se endurecem, o que importa não é apresentar mais argumentos com o fim de impor o próprio ponto de vista. Quem for prudente há de perceber o que aqui há de ser possível. Ele possui um sentido para a decisão certa, que não deixa nem vencedores nem vencidos.*

*Tomás de Aquino acha que "prudência" vem de "providência". Para tomar decisões prudentes eu preciso, pois, de um horizonte mais amplo. Tenho que enxergar para além do momento presente. Preciso ter uma perspectiva, uma visão, para não me prender a decisões isoladas. Num horizonte mais amplo eu posso julgar melhor o que é certo para este momento.*

*O prudente age com cuidado. Ele vê também as consequências de sua decisão. Jesus, no Sermão da Montanha, fala do homem prudente que constrói sua casa sobre o rochedo, e não sobre a areia (cf. Mt 7,24-27). O prudente, portanto, percebe as ilusões sobre as quais, muitas vezes, nós construímos a casa de nossa vida pessoal, ou a casa de nossa empresa. Tais ilusões são desmedidas imagens ideais de mim mesmo, são as expectativas exageradas que eu coloco em meu conhecimento e competência, ou nas possibilidades da empresa.*

*Prudência significa, pois, desmascarar as ilusões pelas quais, muitas vezes, nós nos deixamos dirigir em nossas decisões. A liderança prudente constrói sua casa sobre terreno firme. Dessa forma ela resistirá às tempestades que a vida econômica sempre nos traz. Mas a casa construída sobre a areia de nossas próprias ideias há de* **desmoronar** *com qualquer crise.*

*Faz parte da prudência a sabedoria. A sabedoria é o resultado de muitas experiências. Não é o saber muito, mas sim o ter uma visão profunda, que reconhece as conexões da vida. Os latinos falam de "sapientia", em português "sapiência". Essa palavra provém de "sapere" – "ter sabor". A pessoa prudente pode saborear a si própria, está reconciliada consigo mesma. Por isso ela espalha ao seu redor um gosto bom e agradável.*

*Existem lideranças que, quando lhes falamos, deixam em nós um gosto amargo. O que percebemos nelas é antes de tudo amargura e frieza. Irradiam alguma coisa de desagradável. Também não irão conseguir muita coisa.*

*Para podermos conduzir bem, precisamos primeiramente conduzir a nós mesmos. Precisamos reconciliar e estar em sintonia conosco mesmos. Só assim haveremos de ter uma irradiação positiva. E esta irradiação é a condição para alcançarmos êxito em nossas metas e intenções, também junto aos colaboradores.*

## 5.3 Liderar com as três virtudes cristãs

*Lado a lado com as quatro virtudes cardeais, que valem para todas as pessoas, a teologia cristã colocou três virtudes espirituais ou "sobrenaturais": fé, esperança e caridade. Nosso comportamento de liderança deve ser marcado também por essas três atitudes.*

*As três virtudes espirituais são virtudes cristãs. Mas estão abertas também às outras religiões. São valores espirituais, que põem uma dimensão diferente em nossa economia.*

### *5.3.1 A fé*

*A fé está voltada para Deus e para as pessoas. Quando no meu afazer ou na minha empresa eu acredito em Deus, isto não quer dizer que eu esteja sempre a proferir palavras piedosas. Em vez disso, a fé me dá a sensação de que, em tudo quanto faço, eu sou conduzido por Deus. A fé confere-me liberdade interior. Meu fundamento está em Deus, e não no reconhecimento por parte das pessoas. Assim eu posso fazer o que diante de Deus reconheço como certo, sem que precise estar o tempo todo em busca de confirmação e aprovação.*

*A fé em Deus me alivia no meu trabalho de liderança. Ela dispensa-me de ficar imaginando se tudo quanto eu faço está certo. Nas minhas decisões eu não posso prever todas as eventualidades. Quando tomo minhas decisões com o máximo possível de conhecimento e de consciência, eu posso confiar que Deus há de abençoar-me. De nada adianta eu ter sempre na cabeça tudo quanto possa acontecer. Mas tenho confiança em Deus que ele fará da minha decisão o que é certo. Em meu comportamento de líder, em minhas decisões, nos meus planos e trabalhos, eu me sinto sustentado por Deus. Isto me transmite tranquilidade e liberdade interior. A fé em Deus liberta-me do meu perfeccionismo. Eu tenho confiança de que até mesmo de decisões menos boas Deus pode fazer surgir algo de bom. Isto me descarrega e me deixa aliviado da pressão de ser responsável por tudo e por todos. Eu assumo a responsabilidade pelas pessoas. Mas em minha responsabilidade sinto-me sustentado por Deus. Isto me dá apoio e segurança.*

*Mas fé significa também acreditar nas pessoas. São Bento exige dos monges que vejam Cristo em cada pessoa (cf. Regra de São Bento 36,1; 53,1.7.15).*

*Que significa isto, concretamente? Significa, para mim, que eu não identifico meu semelhante com as dificuldades que ele me faz. Não coloco "óculos cor-de-rosa" para não perceber os problemas dos meus semelhantes. Vejo as pessoas como elas são, também com sua maldade e com suas intrigas. Crer significa, para mim, ver mais fundo, ver atrás dos bastidores. E aí, em cada pessoa, eu vejo pelo menos o anseio de ser bom. Acredito no núcleo bom em cada um. Pois quando alguém impõe dificuldades, ele nunca o faz por prazer, mas sempre por desespero, ou por razões que poderão ser identificadas em sua história de vida.*

*A fé que vê o bem no outro também tem força para despertar nele o bem. Quando eu acredito no bem no outro, eu torno possível que também ele acredite no bem nele mesmo, em vez de estar sempre a desvalorizar-se. Todo aquele que conduz os outros tem que acreditar neles. Do contrário jamais conseguirá tirar deles nada de bom.*

### *5.3.2 A esperança*

*A esperança, na Bíblia, é a expectativa confiante de um bom futuro. Esperança é mais do que otimismo. A esperança confia em que de toda situação Deus pode tirar alguma coisa boa. Para os cristãos as verdadeiras imagens da esperança são a cruz e a ressurreição de Jesus. A cruz, como imagem do fracasso, se transforma em imagem da esperança, de que Deus pode transformar toda escuridão em luz, toda rigidez em vida, e todo fracasso no início de um novo êxito. Assim é cristão esperar contra toda esperança. A atitude que faz parte da esperança é a paciente perseverança. Paulo escreve na Epístola aos Romanos: "A esperança que se vê já não é esperança. Pois aquilo que alguém vê como há de esperar? Se esperamos o que não vemos, é em paciência que esperamos" (Rm 8,24s).*

*Sem esperança não é possível liderar. Com todos os eventuais problemas que a empresa terá que enfrentar, é preciso ter esperança de que existe um futuro para essa organização. Sem esperança eu não devo conduzir ninguém. Pois então eu logo haveria de desistir das pessoas. Esperança quer dizer que eu confio em cada indivíduo, mesmo que no momento ele não esteja correspondendo às minhas expectativas. Quando tenho esperança, eu também posso aguardar até que o potencial existente no outro se manifeste. Não fico impaciente quando alguém comete um erro. Quando eu digo para mim mesmo: "Este nunca vai conseguir", eu estou desistindo dessa pessoa. Estou deixando-o preso em sua incapacidade. A esperança exige que eu sempre lhe dê ainda uma chance.*

*O filósofo francês Gabriel Marcel desenvolveu uma filosofia da esperança. Ele acha que a esperança nunca vale somente para determinadas expectativas e ideias sobre o futuro. A esperança, segundo ele, é algo mais do que esperar a ocorrência de um determinado fato. Pois então eu ficaria decepcionado se não viesse a acontecer assim como eu imaginei.*

*A esperança – podemos dizer assim com Gabriel Marcel – sempre supera o que é concreto. Ela abre um horizonte mais amplo. A esperança, em última análise, visa sempre uma pessoa. Eu espero por ti e em ti. Espero que a vida seja boa para ti. E espero que voltemos a nos encontrar de uma maneira nova.*

*Na organização, sempre se encontram colaboradores que estão passando por uma crise. Por isso não conseguem realizar o que eles próprios esperam de si mesmos. Uma boa liderança não desistirá de um colaborador nessas condições, mas continuará tendo esperança nele. E esta esperança muitas vezes é recompensada. O colaborador ganha forças ao atravessar a crise, desta maneira se transforma "em uma bênção" para a empresa. Mas a esperança necessita de paciência. Eu preciso saber esperar até que na fraqueza as forças voltem a reunir-se, até que a crise se transforme em novas possibilidades.*

*A esperança confere frescor, vida e juventude à pessoa. Tomás de Aquino relaciona esperança com juventude. Mas a esperança não se limita à juventude. Ela, pelo contrário, leva os velhos a rejuvenescerem.*

*Quem vive a esperança não se volta para ilusões quaisquer que um dia possam transformar-se em realidade, espera, em última análise, pela salvação e perfeição realizada por Deus. Mas a esperança cristã não visa apenas o além, e sim também um futuro melhor neste mundo.*

*Nos anos setenta do século passado, muitos teólogos cristãos, em diálogo com filósofos marxistas, descreveram a esperança como uma atitude importante para configurar o futuro. A esperança liberta-me daquele amargor que ocorre quando minhas ideias de um futuro melhor não se concretizam da forma como imaginei. A esperança dá muito fôlego. E na liderança nós temos necessidade desse muito fôlego. Podemos esperar até que a semente que foi plantada nos colaboradores brote e produza fruto para a empresa.*

### 5.3.3 *O amor*

*Hoje a palavra amor é reservada ou para o amor erótico entre homem e mulher, ou para o amor a Deus. Mas no contexto da economia, o amor, como atitude, nos parece bastante estranho. Não obs-*

*tante, ele é a condição para que possamos tratar bem nossos colaboradores, para bem podermos dirigi-los.*

*Quando eu não gosto dos colaboradores, eles percebem minha atitude interior. Então eu não conseguirei motivá-los. Estarão atentos para que eu não os explore. Porém quando sentem que eu gosto deles e que os respeito, que lhes vou ao encontro com simpatia, eles irão envolver-se com meus projetos e desejos. Dedicação provoca dedicação. Amor provoca amor em resposta. Uma conduta puramente objetiva não é adequada ao ser humano. Mesmo o trabalho em uma empresa vive do encontro entre as pessoas, vive das relações entre elas. Quando as relações não são cordiais, não se irá conseguir muita coisa. O amor, no entanto, provoca calor e energia. O calor une. Gostamos de estar juntos e de nos motivar mutuamente.*

*O amor começa com a linguagem. Nas empresas muitas vezes se emprega hoje uma linguagem fria. A linguagem fria separa as pessoas. Não cria coesão, cria divisão. Quando as palavras da liderança transmitem frieza, todo mundo se fecha. Pois ninguém deseja "resfriar-se" com a frieza do chefe. Já a linguagem do amor deixa-nos aquecidos. Ela brota de um coração que se abre para o amor.*

*As pessoas percebem se minhas palavras procedem de um coração frio ou de um coração quente; se são palavras de desprezo ou de valorização. Só as palavras de amor são capazes de levar os outros a moverem-se, a fazer com que salte uma faísca, a criar calor, a despertar a força que existe nas pessoas. O evangelista Lucas descreve o acontecimento de Pentecostes como um fenômeno de linguagem. Os discípulos e discípulas de Jesus são reconhecidos pelo fato de sua linguagem ser cheia de fogo, capaz de inflamar também os outros (cf. At 2,1-13).*

*Amor é mais do que um simples sentimento. Amor significa bondade. E a bondade constitui a base dessas três palavras: fé, louvor e amor. Ter fé significa ver a bondade do outro. No louvor eu me ocupo com o que é bom no outro e o manifesto. Amar significa tratar bem a pessoa que eu vejo com bons olhos e em cuja bondade eu acredito. Este bom convívio expressa-se no respeito para com o outro. Mostra-se em um bem-querer que deixa o outro ser o que ele é, em vez de estar constantemente a reclamar dele. Quando o outro sente que só será aceito por mim se primeiro se corrigir, dificilmente ele há de modificar-se.*

*Pois sente-se rejeitado, e por isso precisa proteger-se contra mim. Mas quando experimenta amor, ele está livre para se modificar e evoluir.*

*Mas o amor não é apenas um bom instrumento de liderança. Mesmo a mim ele me faz bem. Quando eu amo meus colaboradores, eu gosto de trabalhar com eles. Já pela manhã me alegro por causa do encontro com os colaboradores. Alegro-me por estar junto deles e por enfrentarmos juntos os problemas que todos os dias se apresentam para mim e para a organização.*

*O amor, por conseguinte, também é uma fonte que me dá forças e que me alimenta. Sem este amor, o trabalho haveria de ser muito mais pesado. Nesse caso, pela manhã eu já iria para o trabalho enfrentando uma resistência íntima. Conheço lideranças que sentem medo de ir a uma sessão. Pois na realidade eles, a rigor, não gostam de ter nada a ver com nenhum dos colegas. Com uma atitude assim, nós apenas tateamos cuidadosamente, tentando não demonstrar a nossa própria fraqueza. Mas num clima como este nada pode prosperar, nenhuma ideia pode vir à tona.*

*O amor é como uma fonte de força, na qual eu posso todos os dias me reabastecer para não ficar esgotado. Pois – como diz a teologia – meu amor não é apenas o resultado da minha vontade, mas ele participa do amor de Deus. E o amor de Deus é inesgotável. Dele eu posso me reabastecer sempre, sem que jamais ele se esgote.*

## 5.4 Conclusões

*Restringi-me às quatro virtudes cardeais e às três virtudes cristãs para mostrar como estes valores são importantes para que possamos reta e adequadamente dirigir nossos colaboradores. Estes valores são importantes não apenas para nosso procedimento de liderança. Eles também nos ajudam a não sucumbirmos sob o peso de nossa responsabilidade pelos outros, mas a permanecer humanos e a realizarmos nosso trabalho com alegria interior.*

*Existem muitos outros valores que precisam ser praticados, como solidariedade, disposição para ajudar, tolerância, liberdade e saúde. Mas todos esses valores, a rigor, resultam das quatro virtudes cardeais e das três virtudes cristãs. A única coisa que importa é que sempre es-*

*ses valores básicos sejam aplicados à situação em que nos encontramos. Liberdade resulta da fortaleza e da fé em Deus, que me liberta do poder dos homens. Saúde é uma consequência da moderação, e em última análise do amor, que não se aplica apenas aos meus semelhantes mas também a mim mesmo.*

*Quando certos valores – como saúde e liberdade, por exemplo – são buscados independentemente dos valores básicos, muitas vezes nós não chegamos realmente àquele valor que confere valor à nossa vida. Quando no centro de tudo eu coloco a liberdade, constantemente me sinto pressionado por tudo quanto ocorre na empresa. A liberdade tem necessidade da experiência interior de mim mesmo e da unicidade da minha pessoa. Coisa semelhante ocorre com a saúde. Hoje com frequência a saúde é transformada em sucedâneo da religião – o que leva as pessoas a tornarem-se cada vez mais enfermas. A saúde necessita da moderação e do amor a mim mesmo, da forma como cheguei a ser. Muitas pessoas adoecem porque ficam presas em suas ilusões. Ou adoecem porque não encontram apoio em parte alguma. A depressão é hoje a segunda causa mais frequente de falta dos colaboradores ao trabalho.*

*O psiquiatra suíço Daniel Hell é de opinião que muitas vezes a depressão é um grito de socorro da alma por causa do excesso de mobilidade e de fraqueza. Quando eu combato diretamente a depressão, ela não desaparece. Pelo contrário, desenvolve uma oposição cada vez maior. Só quando eu vejo a depressão como convite para buscar apoio em atitudes como as que nos são oferecidas na cultura ocidental ou no cristianismo, para sentir o meu valor naqueles valores que dão valor à vida, só então é que ela se transforma em amiga da alma.*

*A exaltação dos valores não é nenhum luxo a que as empresas bem colocadas possam entregar-se, é, pelo contrário, a condição para que possamos desfrutar permanentemente dos valores que abrem as portas para a empresa buscar um futuro melhor.*

*Um jovem empresário de software, que havia adotado a honestidade como lema absoluto, contou-me que estava colhendo com isto os melhores resultados. De qualquer modo, as grandes organizações para quem ele trabalha iriam examinar rigorosamente seus produtos. E nas ofertas dos outros eles teriam percebido que a honestidade ini-*

*cial havia se transformado em um truque para levar vantagem. As empresas permaneceram fiéis a este jovem empresário, porque perceberam que ele era bem intencionado.*

*Eu poderia apresentar muitos exemplos para mostrar que são os valores que dão valor a uma empresa. Aquele que busca aumentar o lucro a curto prazo está mirando o alvo errado. O verdadeiro valor de uma empresa se manifesta na cultura desenvolvida por ela – tanto dentro da empresa como também na cultura da convivência com fornecedores e clientes. Por isso, eu continuo a acreditar: quem aprecia os valores, também há de colher valores – não apenas o valor pessoal para si próprio, ou a imagem que há de ter entre os clientes e fornecedores, mas por fim também os valores financeiros.*

## TEXTO DE APROFUNDAMENTO
## Por um mundo mais humano

*Trata-se de "uma cultura da convivência, de uma cultura do trabalho e de uma humanização deste mundo", e por conseguinte de uma cultura humanista e de uma cultura da sobrevivência da raça humana. Isto se pode fixar com mais clareza quando procuramos saber quais as metas econômicas que se encontram por trás dos índices – mais superficiais – da eficiência e do lucro. Não se trata aqui de excluir as metas econômicas no sentido estrito, mas sim de voltar nosso olhar para os valores que se encontram por trás de tudo isso, e que em sentido mais amplo favorecem a convivência humana. E são precisamente esses valores que em certas circunstâncias podem contribuir para que do ponto de vista econômico a empresa "produza frutos".*

A economia empresarial redescobriu os valores. Isto vale não apenas para os valores econômicos, para a valorização através do trabalho, mas também para os valores éticos, que conferem valor ao nosso agir. Valores são modelos de ação. Hoje se fala muito em mudança de valores: o que ocupa o centro já não são as quatro virtudes cardeais que desde a era de Aristóteles determinaram o nosso agir, mas estas cederam o lugar a valores como liberdade, autodeterminação, autorresponsabilidade e felicidade. Não obstante, os valores clássicos, como justiça, fortaleza, temperança e prudência não deixaram de ter validade. A estes se acrescentam os valores que só nos últimos anos passaram a fazer parte da discussão, como tolerância, persistência e solidariedade. Todos estes são valores que favorecem a vida humana.

Muitas empresas declaram-se hoje a favor dos valores e da consciência dos valores. Em suas diretrizes e normas, os valores foram lançados em papel de alto brilho, e as empresas propõem-se pô-los em prática. Muitas vezes, no entanto, a realidade é bem diferente. Colaboradores que se pautam pelos valores, que colocaram a empresa nos seus estandartes, muitas vezes são ridicularizados, ou devem contar com a resistência da liderança.

A humanidade precisa ter valores comuns para sobreviver; isto passou a ser claro com a discussão levantada por Hans Küng, em torno do "Ethos mundial" (*Weltethos*). Mas quando se trata de valores, nós não podemos levantar nenhum dedo acusador. Aquele que com palavras moralizadoras vive a exigir a observância dos valores apenas provoca má consciência e repulsa. Para mim é importante que os valores sejam vistos como uma ajuda ao meu agir profissional. Os valores fazem com que a vida tenha sentido. A palavra "valor" vem do latim *valere*, que significa "ser forte, ter saúde". Os valores, portanto, são fontes de força para a minha vida. São condições para que eu possa viver com saúde – de acordo com a minha natureza. Os valores objetivos, como justiça, liberdade, verdade, dignidade humana, fortaleza, temperança, prudência, fidelidade, relações humanas, qualidade de vida podem servir-me de orientação.

Ao lado destes existem os valores subjetivos, que são de particular importância para alguém. É evidente que não podemos realizar todos os valores de uma só vez. Cada um tem seus valores preferidos, que o estimulam a agir e que dão sentido à sua vida. Mesmo que hoje os economistas estejam de acordo que não podemos viver sem valores, nem sempre é fácil para o indivíduo observar os valores que para ele são importantes. Com bastante frequência a empresa considera como mais importantes suas próprias expectativas em relação aos colaboradores. É preciso ter costas largas para não se deixar dobrar pelas expectativas da empresa.

Os valores dão sentido à minha vida, uma vida sem valores não tem sentido. E a falta de sentido leva a se perder o interesse. Precisamos de modelos que nos motivem, que despertem em nós o prazer de trabalhar neste mundo. Eles oferecem-nos uma perspectiva e dirigem nosso olhar para além do estreito horizonte dos problemas quotidianos, para a meta que desejamos alcançar. Valores são claras fontes de força, que me conferem não apenas orientação mas também energia. Os valores dão prazer à ação. Quando eu sei, por exemplo, que minha empresa trabalha com persistência, eu terei mais prazer em engajar-me nela. Percebo nisso um sentido, e trabalho não apenas para mim e para meu êxito imediato, mas também para a geração futura. Economizo os recursos deste mundo e dou uma contribuição para um mundo mais humano.

Recentemente eu fui convidado a participar de um simpósio que teve como tema "Criar e adotar valores". Os organizadores, ao que tudo indica, partiam de que aquele que tem apreço pelos valores éticos, e que os observa, com isso também cria valores financeiros, portanto, que em última análise o respeito aos valores compensa, também do ponto de vista financeiro. Não significa isto que os valores sejam transformados em objetivos econômicos. Os valores estão acima do lucro. Mas quando eu deixo de fixar-me no maior lucro possível, e no meu agir levo em conta os valores, com o tempo irei obter melhores resultados. A criação de valores há de ser maior. Mas para isso é preciso que não se fique pensando nos resultados imediatos. Quando nós adotamos valores, como jogo limpo e honradez, a curto prazo teremos que contar com desvantagens. A longo prazo, no entanto, isto há de compensar, pois os clientes hão de perceber se estão lidando com uma empresa que só coloca valores no seu programa para fins de propaganda, ou se a empresa cumpre o que promete. No convívio com os colaboradores, os clientes sentem que de fato aqui a pessoa humana é respeitada, que não se trata unicamente de um negócio a curto prazo, mas sim de uma cultura da convivência, de uma cultura do trabalho e de uma humanização deste mundo.

Quando uma organização abraça os valores humanos, ela está dando uma forte contribuição para que este mundo se torne mais humano e mais acolhedor. Quando os colaboradores da empresa irradiam uma cultura humanitária, a longo prazo eles estarão mais motivados para o trabalho.

Muitos temem que a crescente globalização leve a concorrência a tornar-se sempre mais intensa e desumana. Quando na globalização tratar-se unicamente do lucro, sem que os valores sejam levados em conta, realmente esse mundo irá tornar-se cada vez mais frio e desumano. Por isso escolas beneditinas no mundo inteiro adotam como programa humanizar a globalização e globalizar o humanitarismo. Este seria um bom programa para qualquer empresa em funcionamento no mundo inteiro.

GRÜN, A. *Leben und Beruf* – Eine spirituelle Herausforderung. 2. ed. Münsterschwarzach: Vier-Türme-Verlag, 2005, p. 148-151.

# 6
# FEEDBACK
# RESPOSTAS OBJETIVAS E RESPOSTAS EMOCIONAIS

*Em sua doutrina deve sempre o abade observar aquela fórmula do Apóstolo: "Repreende, exorta, admoesta".*
Regra de São Bento 2,23

*Tudo que desejais que os homens vos façam, fazei vós a eles.*
Mt 7,12

## 6.1 Que é feedback?

Para poderem orientar-se, as pessoas sentem necessidade de receber de volta informações sobre sua conduta. As mulheres, a quem é atribuída uma competência social mais elevada, perguntam diretamente: "Isto lhe agrada?" "Que acha do meu vestido novo?" Os homens, aqui, deparam-se com mais dificuldades, eles mal conseguem dar respostas no plano do rendimento, porém quase sempre negligenciam os aspectos relacionais e sentimentais. Para no plano comportamental se conseguir um efeito por meio de respostas – quase sempre designadas por *feedback* –, é necessário que seja integrado também o plano emocional.

Dessa forma é fácil dizer-se "bom", "magnífico", "excelente", ou outra expressão semelhante de reconhecimento, e um elogio como este pode realizar grandes coisas.

Por que são numerosos os chefes que sentem tanto medo disto? O problema, geralmente, começa pelo fato de o rendimento nem sequer chegar a ser visto, ou então de ser considerado como uma coisa natural e evidente. Nós ficamos inseguros sobre a forma como o outro irá reagir. Faça este teste simples.

---

**EXERCÍCIO**

**A quem posso elogiar?**

*Escreva os nomes de três colaboradores ou colegas com quem você costuma colaborar intensamente. Para cada nome escreva três coisas que essa pessoa tenha gostado de fazer nos últimos sete dias. As ocorrências elogiosas têm que ser cronologicamente exatas, objetivas e especificadas concretamente, quer dizer, em princípio elas poderiam ser observadas também por outros.*

- *De quanto tempo você precisou para fazer essas observações concretas?*
- *A qual das dessas pessoas você já disse o que nela observou de bom?*
- *Que sentimentos desperta em você a ideia de o mais rapidamente possível ir a essa pessoa e dizer-lhe o que você achou bom nela?*

---

Para que se sintam seguras, as pessoas precisam ser informadas a respeito de como elas próprias são vistas, bem como aquilo que realizam. Esta necessidade de segurança e de reconhecimento, que é satisfeita por meio das respostas, ocupa o segundo lugar na pirâmide das necessidades de Maslow. Um *feedback* qualificado do chefe transmite esta segurança aos colaboradores e provoca um elevado grau de satisfação.

As competições esportivas, o livro *Guinness* dos recordes, os concursos de beleza, todos esses, entre outras coisas, têm por objetivo satisfazer essa mesma necessidade: a necessidade de receber uma confirmação de como, comparado aos outros, o participante é bom e bem-sucedido. O *feedback* é uma condição básica para o crescimento e a aprendizagem. Imagine uma escola em que nenhum aluno ficasse sabendo o que fez certo ou errado. Nenhuma aprendizagem seria possível, os alunos ficariam profundamente perturbados e inseguros no desenvolvimento de sua personalidade.

**EXERCÍCIO**

**De que modo reajo aos elogios?**

- *Procure lembrar-se de uma situação concreta em que você foi elogiado (por um bom resultado na escola ou no esporte, ou então por seu líder...).*
- *Feche os olhos e imagine mais uma vez, o mais exatamente possível, essa situação. Observe ao mesmo tempo sua atitude corporal, a tensão no seu corpo, seus sentimentos, seu estado de ânimo.*
- *Permaneça mentalmente por alguns minutos nas imagens e na recordação do que aconteceu.*
- *Abra novamente os olhos e compare o estado de ânimo e os sentimentos que você experimenta agora com os que sentia antes do exercício.*
- *Repita este exercício com duas outras experiências em que você foi elogiado.*

Por via de regra, depois deste exercício você sentir-se-á menos tenso e num melhor estado de ânimo. O exercício pode ser adotado como recurso técnico para livrar-se dos estados de abatimento ou de angústia por ter que render alguma coisa.

No dia a dia este exercício produz bons resultados, se você aceitar conscientemente elogios ou reconhecimento, e observar os sentimentos que isto lhe provoca. Você fica sabendo coisas a respeito de si mesmo, de seus processos íntimos e das condições para que o elogio desperte bons sentimentos em você.

Você poderá então, a partir de suas experiências e de suas convicções mais profundas, pôr em prática a mais conhecida regra de conduta do Sermão da Montanha, conhecida como a "regra áurea": "Tudo o que desejais que os homens vos façam, fazei vós a eles" (Mt 7,12). Se faz bem a você ser visto, elogiado e reconhecido, então você deve também fazer com que o elogio e o reconhecimento cheguem aos outros.

Quase não existe outro comportamento humano que além do elogio e do reconhecimento produza tão bons resultados com tão pequeno esforço. O investimento necessário para isso não exige mais do que uma certa dose de atenção. Quando chegamos a ver os outros, com seu esforço e com o rendimento que produzem, já não será um grande passo fazer chegar a eles aquilo que se observou.

## 6.2 O feedback na prática

Do ponto de vista objetivo, o *feedback* é uma informação sobre o grau em que as metas na execução de uma tarefa foram ou deixaram de ser atingidas. Constitui um elemento substancial da liderança, pois um bom *feedback* levará ou a manter o bom rendimento, ou então a mudanças.

De acordo com isso, podemos distinguir duas espécies de *feedback*:

- **O *feedback* de reforço** informa sobre aquilo que foi bem feito – com o objetivo de reforçar o comportamento da respectiva pessoa. "Continue assim!" O objetivo do *feedback* de reforço é manter ou reforçar a conduta que teve um bom rendimento.
- **O *feedback* de desenvolvimento** manifesta a necessidade de um desenvolvimento: Que é que ainda precisa ser feito para se obter o resultado almejado? O objetivo é, por meio da informação, dar início a um processo de aprendizagem, com o fim de dentro do atual processo de trabalho se conseguir o resultado almejado, ou então de obter da próxima vez um resultado melhor.

É muito importante que as duas formas de *feedback* sejam dadas separadamente. Do contrário se misturam os impulsos do reforço e do desenvolvimento. O colaborador não consegue mais distinguir claramente o que faz parte de quê.

O *feedback* sempre é de utilidade também para o intercâmbio social. No *feedback* ocorre um encontro entre duas pessoas, e dessa forma acontece relação: Eu estou te vendo, vejo teu trabalho, tu és importante. No *feedback*, quanto mais intensamente os sentimentos são manifestados – por exemplo, alegria pelo bom resultado do colaborador, ou decepção pelos maus resultados –, tanto mais profundo é o intercâmbio e o impulso comportamental. Um bom *feedback* envolve os dois níveis da comunicação – o nível objetivo e o nível comportamental – e une-os entre si.

Com o *feedback* de reforço, o colaborador cria confiança e segurança interior. É construído o sentimento de seu autovalor, e em consequência uma base mais reforçada para o rendimento.

No *feedback* de desenvolvimento, o colaborador recebe uma orientação sobre o que está faltando. Dessa forma, da próxima vez ele conseguirá melhores resultados, porque terá adquirido maior competência. Normalmente o colaborador há de fazer isso, pois todos estão em busca de reconhecimento.

O *feedback* pelo rendimento obtido provoca satisfação. O *feedback* frequente – quer seja de reforço quer de desenvolvimento – leva as pessoas que se orientam pelo rendimento a sempre novos esforços para obter satisfação.

## 6.3 O feedback de reforço

Poucos são os líderes e colaboradores que questionam o valor do *feedback*. Não obstante, é comum os colaboradores queixarem-se de estar recebendo muito pouca informação sobre como está sendo visto o seu trabalho e seus rendimentos. As razões para isso se encontram nos líderes, e podem ser reduzidas a uns poucos pontos mais importantes.

- Os líderes não se sentem bem quando estão "constantemente elogiando" os outros.
- Falta aos líderes a necessária formação, por isso eles não se sentem seguros, ou não chegam a tomar consciência da importância do *feedback*.
- Os líderes evitam situações relacionais em que os sentimentos se manifestam abertamente, por isso preferem tratar a questão de forma "puramente objetiva".

Para o *feedback* de reforço valem as seguintes regras e atitudes:

- **Não protelar.** Quanto menor o tempo decorrido entre o comportamento positivo e o correspondente reconhecimento, tanto maior a eficácia do *feedback* de reforço. Que diriam os esportistas se os vencedores só fossem conhecidos três meses após a disputa?
- **Mencionar o comportamento concreto na situação concreta.** O reforço de um comportamento adquire eficácia a partir de

dois fatores. São estes: (1) o sentimento positivo de ser reconhecido, e (2) a definição exata do comportamento que mereceu ser reconhecido. Por isso não se deve, por exemplo, dizer: "Você dirigiu de uma forma excelente as negociações com a firma X!" Com isso, o colaborador não fica sabendo concretamente o que foi que ele fez bem feito. Melhor seria mencionar explicitamente o comportamento merecedor de elogio, por exemplo assim: "Foi uma hábil jogada você levar a firma X a apresentar suas condições em primeiro lugar!"

• **Avaliação voltada para a pessoa.** Todas as avaliações estão baseadas em padrões, que para os diferentes indivíduos podem ser muito distintos. Por isso é um sinal de sinceridade, e ao mesmo tempo uma manifestação de coragem e independência, apresentar um julgamento próprio e individual: "Acho que você agiu com muita habilidade nas negociações com a firma X". Tais avaliações voltadas para a pessoa podem figurar como uma justa diversidade de opiniões, ao lado da maneira de ver de outras pessoas. Mas elas criam uma relação pessoal entre os que dela participam.

• **Sinceridade.** Diz um antigo provérbio: "Com a boca se pode mentir, com o corpo não". Nós transmitimos inúmeras mensagens – através dos gestos, do tom da voz etc. – que revelam ao nosso interlocutor o que nós realmente pensamos. O colaborador não deixa de perceber quando um reconhecimento não é sincero. Nesse caso o efeito do reforço se transforma no oposto. Manifestam-se inseguranças, e se estas se repetirem, com frequência, podem levar até ao descrédito do chefe.

## 6.4 O feedback de desenvolvimento

Para o *feedback* de desenvolvimento valem as seguintes atitudes.

• **Voltado para o futuro.** É na fase de preparação para uma nova tarefa que é maior a disposição do colaborador para questionar e modificar o próprio comportamento. O desejo de fazer bem feito, presente em todas as pessoas, leva a uma maior disposição de aprender. Este é o momento ideal para o *feedback* de desenvolvimento.

- **Orientado para a intenção positiva do colaborador.** Por trás de todo comportamento se encontra uma intenção, e mesmo os hábitos tiveram início com uma intenção. O colaborador, por seu comportamento, deseja melhorar uma situação, portanto ele está sempre animado de uma intenção positiva. No *feedback* de desenvolvimento, a primeira tarefa do líder consiste em perceber e reconhecer esta intenção positiva.

  Imagine, por exemplo, que você descobrisse seu filho de quatro anos raspando com uma faca as manchas de sujeira do seu carro novo. Como você iria reagir quando seu filho lhe dissesse, todo entusiasmado: "Papai, eu limpei de novo o seu carro!"?

  O *feedback* de desenvolvimento sempre começa com o líder distinguindo interiormente entre comportamento e intenção. Só quando se percebe e se reconhece uma boa intenção é que se torna possível um eficiente *feedback* de desenvolvimento.

- **Possibilitando a aprendizagem e transmitindo ao colaborador vontade de aprender.** Todo aquele que é criticado ou que percebe haver cometido um erro, sente nesse momento um certo desconforto. Nesta situação, a aprendizagem só será possível se o novo comportamento puder ser posto em prática de imediato, levando à experiência do êxito.

  No *feedback* de desenvolvimento, uma tarefa importante do líder consiste em tirar do colaborador a lembrança do problema e provocar nele a disposição para aprender. Estas são algumas das possibilidades: reconhecer a boa intenção, renunciar a considerá-lo como culpado, minimizar a discussão do problema e maximizar a busca da solução, fazer comparações positivas ("Já foi melhor do que da última vez"; lembrar os bons resultados do colaborador em situações semelhantes) ou levá-lo a desempenhar o papel de "observador" ("Se nesta situação você observasse de longe o seu comportamento, que dicas poderia dar a si mesmo?").

Para o *feedback* de desenvolvimento foi comprovada a adoção das seguintes regras:

- **Evitar toda e qualquer desvalorização:** Todas as observações humilhantes e ofensivas levam o colaborador a fechar-se. A disposição para aprender cai para zero. A pessoa sempre deve ser respeitada, só o seu comportamento é que necessita de um desenvolvimento.

• **Evitar todo "julgamento potencial":** Frases como "De você eu nunca esperei coisa melhor", são extrema e permanentemente desmotivadoras.

• **Não pule as etapas:** Decomponha em pequenos passos o "programa de ensino" que planejou, e após cada passo verifique se o colaborador conseguiu acompanhar. Um comportamento só pode ser modificado quando a pessoa está concentrada em uma única coisa. Só quando o novo comportamento houver se transformado em hábito é que a consciência pode voltar a ocupar-se com um aspecto novo.

• **Repetição:** O que antes de tudo importa é a frequência. Pequenas porções de *feedback*, mesmo que incluam repetições, produzem mais efeito do que longas discussões sobre rendimento.

• **Ideias claras sobre as metas:** A meta de comportamento visada pelo líder deve estar clara para ele e ser transmitida ao colaborador da maneira mais concreta possível. É bom estabelecer também critérios para que o colaborador e o líder possam avaliar quanto da meta visada foi conseguido.

• **Orientar-se pelos acordos de metas:** O *feedback* tem que se orientar pelos eventuais acordos de metas e conter elementos relacionados com o comportamento, e não unicamente pelos resultados.

• **Considerar as condições individuais:** Aqui o líder também faz parte das condições, e por isso ele deveria submeter-se a uma avaliação no contexto de uma entrevista de *feedback*.

• **Visar o comportamento:** O *feedback* deve ter como objetivo o comportamento concreto, ele não pode pretender modificar a pessoa.

## TEXTO DE APROFUNDAMENTO
## Consolar e encorajar

*Também entre os padres do deserto e os monges do cristianismo primitivo que se retiraram para os desertos do Egito e da Síria, de certo modo, se pode falar de uma "cultura do feedback". Apesar de tratar-se aqui da condução e do acompanhamento espiritual, na atitude dos padres do deserto é perfeitamente possível perceberem-se alguns elementos que são importantes também para a liderança das empresas. Fazem parte desse número, por exemplo, o clima construtivo em que o feedback deve ocorrer, e a necessidade de a realimentação levar em conta a situação da pessoa a quem ela é dirigida.*

A mais importante regra dos padres espirituais é esta: não condenar nem provocar tristeza, mas antes erguer e consolar. Aliás, o pai espiritual se define precisamente por sua tarefa de encorajar os irmãos. Isto se manifesta em muitos ditos dos padres. Assim o Abade Poimênio dá a seguinte regra aos diretores espirituais:

*"Não condenes alguém que pecou e que nega que tenha pecado, dizendo: 'Eu não pequei'. Do contrário tu estás lhe tirando o ânimo. Mas se disseres: 'Não desanimes, irmão, mas toma cuidado daqui para a frente', tu estarás despertando sua alma para a contrição."*

De maneira nenhuma deve o irmão ir embora entristecido, pois com isto ele não está sendo ajudado em nada. Por isso Poimênio renuncia a revelar ao outro a sua verdade. Sente que ele ainda não está em condições de enfrentá-la. Assim ele o encoraja, sem lhe apontar o seu pecado. Mas, ao erguê-lo, infunde-lhe coragem também para enfrentar o seu pecado. O acompanhamento espiritual precisa antes de tudo criar um terreno de confiança, onde o outro possa sempre mais expor-se à própria verdade. Isto exige paciência por parte do orientador espiritual, e exige aceitação, mesmo que o outro não esteja ainda em condições de aceitar sua própria verdade. E precisamos ter fé, acreditar que Deus não desiste do irmão mas deseja erguê-lo a uma nova vida.

O pai espiritual precisa envolver-se com a capacidade de apreensão do outro, não pode fazer-lhe exigências por demais elevadas. Assim Poimênio elogia um que cultiva seu campo e dá esmolas a outros. Quando o Abade Anúbio, um monge severo, fica sabendo disso, acusa Poimênio, dizendo que cultivar o campo não é trabalho que convenha a um monge. Quando Poimênio explicou isso ao irmão, ele entristeceu-se profundamente. Então Poimênio repreende o Abade Anúbio:

*"Também eu sabia desde o começo que não é trabalho para um monge, mas falei de acordo com sua capacidade de compreensão, como também o encorajei para aumentar as esmolas. Mas agora ele ficou entristecido, e continua fazendo o mesmo trabalho."*

Assim o pai espiritual precisa sentir o que é adequado para o outro. Quando são exigidas do outro coisas que estão acima de suas forças, e ele fica triste, o responsável é o pai espiritual. O dom do discernimento exige que ele perceba os sentimentos do outro, que o compreenda, que considere a história de sua vida e as suas feridas, e que lhe aconselhe o que o ajuda a enfrentar a situação em que se encontra. Poimênio não trabalha aqui impondo ideais a quem procura conselho, mas parte da situação concreta da pessoa, procurando saber como essa pessoa pode encontrar um caminho para a vida e para o amor.

O Abade José leva em conta a capacidade de compreensão de um irmão, que lhe fez esta pergunta: *"Que devo fazer? Eu não consigo suportar o mal, não sei trabalhar e também não sei dar amor". O ancião respondeu-lhe: "Se não consegues fazer nada disto, preserva tua consciência de todo pecado contra o próximo, e alcançarás a salvação"*. O patriarca não faz acusações ao irmão por causa de suas fraquezas, mas em sua fraqueza aponta-lhe um caminho pelo qual ele pode chegar ao encontro com Deus e com a vida.

Consolar e animar, são estas as características mais importantes de um bom acompanhamento espiritual. Quem despede o outro entristecido, cometeu uma falha na sua responsabilidade de pai espiritual. De várias maneiras os monges tentavam infundir novo ânimo a monges que se encontravam tristes e desanimados. Muitas vezes o patriarca descrevia em si próprio o erro pelo qual o outro se queixava. Com muita frequência o monge que pecou fica decepcionado consigo mesmo. Ele se autoacusa, e assim leva toda a sua energia a decair. E quando chega à presença do pai espiritual, sente-se envergonhado, acreditando que não é digno de falar com ele. E com muita frequência o pecador idealiza o patriarca, considerando-o livre de pecado. Nesta situação, o patriarca o consola mostrando ao monge decepcionado que até mesmo ele precisa lutar contra essas falhas. [...]

Outra maneira de animar e de erguer quem procura conselho consiste em mostrar-lhe por imagens e comparações onde ele se encontra e como deve seguir adiante. Assim fala um patriarca a um irmão que, tendo cometido um erro, se encontra completamente confuso e de ânimo abatido, o exemplo de um jovem que deve limpar um campo cheio de cardos e de espinhos. O jovem está desanimado, porque o campo está tão cheio de ervas daninhas. Então o padre lhe diz: *"Meu filho, trabalha todos os dias só o espaço ocupado por teu corpo quando está deitado, e aos poucos o trabalho há de avançar, e não te sentirás desanimado". Depois de ouvir isto, o jovem procedeu como lhe foi dito, e dentro de pouco tempo o campo estava limpo e em condições de ser cultivado. "Faze assim tu também, irmão, trabalha continuamente, e não hás de perder o ânimo."* Assim o irmão vai para casa cheio de esperança e encontra paz e tranquilidade. Foi a imagem que o convenceu.

GRÜN, A. *Geistliche Begleitung bei den Wüstenvätern 7. ed. rev. e atual. Münsterschwarzach:* Vier-Türme-Verlag, 2002, p. 41-47. [Münsterschwarzacher *Kleinschriften 67].*

# 7
# A ORGANIZAÇÃO COMO SISTEMA

*Portanto, exceto aqueles que, como dissemos, com superior conselho, o abade tiver posto à frente ou postergado por determinados motivos, todos os demais estejam segundo a ordem de ingresso.*

Regra de São Bento 63,7

*Muito bem, servo bom e fiel; foste fiel no pouco, eu te confiarei muito.*

Mt 25,31

Entende-se por sistema um todo cuja existência se deve às interações de suas partes. Aristóteles, há cerca de 2400 anos, já chegou à conclusão de que o todo é mais do que a soma de suas partes.

Fazem parte do sistema a ordem e as dependências que se manifestam na estrutura e nas interações entre os elementos do sistema. Considerar uma organização ou uma empresa como um sistema significa ver o todo, e por conseguinte aceitar a complexidade da empresa e da organização.

Tanto na moderna literatura da administração quanto na prática, cada vez mais se evidencia como tarefa central das lideranças o domínio da complexidade. Aqui o problema não consiste em primeiro lugar na abrangência quantitativa das múltiplas relações entre os elementos do sistema. Trata-se, ao contrário, de desenvolver uma consciência capaz de considerar uma empresa como um "sistema vivo". A nova arte é uma atitude de espírito que consegue dar o passo da meta, do plano, do controle e da racionalidade, para uma complexidade que não pode ser abrangida racionalmente, para a mudança permanente, a ambivalência, a processabilidade e a confiança nas pessoas, com sua capacidade de auto-organização.

Das capacidades mais importantes para trabalhar com sistemas vivos e complexos, e para conduzi-los sistematicamente, fazem parte, antes de tudo:

- A capacidade de lidar com a insegurança;
- A abertura para novas experiências;
- A disposição para fornecer e receber constantemente uma realimentação qualificada;
- A franca convivência com os sentimentos próprios e alheios;
- A capacidade de admitir as diferenças como uma riqueza e não como uma ameaça;
- A constante disposição para aprender.

De grande importância dentro deste contexto é a exigência de se organizar a aprendizagem, necessariamente associada à questão de como é possível promover-se a aprendizagem entre os colaboradores. A resposta é tão antiga quanto simples: a disposição para aprender surge através de uma convivência de mútua valorização, quando é respeitada a dignidade de cada um e suas necessidades são percebidas.

Um olhar de conjunto envolve também, de modo especial, o olhar sobre todas as pessoas envolvidas. Qualquer mudança em um posto do sistema provoca efeitos sobre o conjunto e sobre as pessoas envolvidas. Com isto, passam a ter grande importância as palavras de ordem como "Todos são importantes!", ou "A pessoa certa no lugar certo".

Na prática do sistema de aconselhamento foram desenvolvidos métodos que funcionam como intervenções nos grandes grupos e como processos autodirigidos. Organizações sob a forma de *open space*, com várias centenas ou vários milhares de participantes, cumprem as exigências do trabalho no sistema. Os grupos se auto-organizam com tarefas autoimpostas, trabalhando em paralelo, de uma forma que, observada de fora, deixa uma impressão caótica. O tema e a estrutura de tempo e de espaço, assim como a organização técnica, são preestabelecidos. Tudo o mais fica entregue unicamente à responsabilidade dos colaboradores envolvidos. Coisas semelhantes realizam as conferências do futuro, o *world-cafe*, ou formas de apresentação configurativa dos processos empresariais, *business-theatre*, teatro de improvisação, música, dança e pintura.

O objetivo dessas organizações é utilizar a "inteligência coletiva" do conjunto. Dessa maneira, o conhecimento e as habilidades de todos tornam-se disponíveis para a empresa. As instituições dão aos participantes a possibilidade de contribuírem e de porem à disposição do todo sua competência e seu conhecimento sobre temas específicos. Renuncia-se a uma mentalidade hierárquica, com superiores e súditos, e se promove e se intensifica a atividade simultânea de todos e o fluxo de informações entre os participantes. Utiliza-se aqui a capacidade de auto-organização dos sistemas complexos, da mesma forma que a forte motivação surgida quando as pessoas são interrogadas e envolvidas na configuração do seu próprio futuro.

Com isto, necessariamente as pessoas voltam a ocupar seu lugar central, como os elementos sistêmicos mais importantes das empresas e organizações. Nos métodos sistêmicos passa a ser realidade a frase tantas vezes falada e tão raramente vivida: "Entre nós é a pessoa humana que ocupa o lugar central". Nas organizações dos grandes grupos todos podem participar efetivamente, contribuindo para o todo de acordo com suas capacidades. As pessoas são convidadas a pôr em prática seus dotes, como ocorre na parábola dos talentos (Mt 25,14-30).

Outra possibilidade do pensamento sistêmico são as representações sistêmicas e organizacionais que se desenvolveram a partir das representações familiares. Aqui não se analisam problemas, mas trabalha-se com o contexto sistêmico e com seus processos. Nas representações sistêmicas sempre se trata de perguntas como as seguintes: Quem é importante? Quem não está sendo visto corretamente? Quem está no lugar errado?

A inteligência coletiva – como podemos observar num formigueiro, por exemplo – funciona quando tudo acontece ao mesmo tempo e de uma forma aparentemente caótica, mas apesar disso chega-se a resultados que possuem sentido e que levam o conjunto a se desenvolver mais ainda. Em comunidades e grupos humanos, esses processos, que sempre implicam um elevado grau de sinergia, estão associados a determinadas condições. Dão certo quando existe confiança e iniciativa dos colaboradores, e o compromisso de todos com um conjunto de valores – quando, por conseguinte, existem condições espirituais.

A convivência nas firmas – o grau de aproveitamento da inteligência coletiva – reflete o desenvolvimento da consciência dos participantes. O desenvolvimento tem que começar de cima, do alto da organização. O antigo princípio de liderança: "A escada se varre de cima para baixo", se aplica também aqui. De bom grado os colaboradores acompanham os superiores quando sentem que eles estão um pouco à frente, e que também dão o exemplo, pondo em prática as suas ideias. O desenvolvimento espiritual não pode ser comandado. Aqui cada um precisa começar por si próprio.

Em todas as culturas e religiões são conhecidos os caminhos que levam ao desenvolvimento da consciência. Substancialmente eles são um desenvolvimento do espírito. Exigem exercício, treinamento espiritual, disciplina, desenvolvimento da atenção, capacidade de escuta, pureza interior e a capacidade para agir com calma. Pode ser muito útil aqui se orientar pelas raízes religiosas e pelos valores culturais de cada um.

## 7.1 A família como primeira experiência sistêmica

**Nossa segunda língua materna é o sistema.** Esta frase marcante resume a importância do pensamento sistêmico. Refere-se à experiência primordial que, quando crianças, fazemos em nossa família – ou num sucedâneo da família. Nós vivemos um sistema familiar, com superiores e subordinados, com regras e dependências. Desde muito a psicologia tem conhecimento de como somos marcados pelas experiências dos primeiros anos de vida. Estas experiências não são acontecimentos isolados. Elas são vividas em um contexto sistêmico, como interação entre elementos do sistema – na família, concretamente, como interação entre seus diversos membros.

No sistema familiar nós passamos por experiências de ordem, como, por exemplo, a sequência dos irmãos. Neste sistema, o menor ou o mais novo de quatro irmãos é "o último". O primogênito sempre é "o grande". Os que ocupam as posições intermediárias – as posições de "sanduíche" – sentem-se como não sendo nem pequenos nem grandes. Igualmente marcantes são as experiências do filho único. Quando crianças, nós percebemos que temos um lugar determinado e fixo no sistema familiar. Isto contribui de modo decisivo para nossa identidade, determinando também a conduta e a posição em outros sistemas.

Quando as crianças crescem e passam pela experiência de ingressar em outros sistemas – por exemplo, no jardim da infância, na escola, na paróquia, no clube esportivo –, outras experiências sistêmicas são acrescentadas. A procura do lugar no novo sistema é marcada de maneira decisiva pelas experiências no sistema de origem. Quase sempre nós buscamos no novo sistema o lugar que mais se parece com o de nossa família de origem. Aí nós nos sentimos bem, aí para nós o mundo está em ordem.

A importância da ordem para nos sentirmos bem torna-se manifesta através de muitas variantes de nossa linguagem. Nós achamos que determinado comportamento "não está em ordem". Ou perguntamos se "está tudo em ordem". Verificamos que alguém é proveniente de "condições bem ordenadas". Deparamo-nos com "uma terrível desordem", ou nos alegramos quando alguém faz "em boa ordem" o que lhe compete. Ou então sentimos necessidade de "pôr as coisas em ordem". Não resta dúvida que nós possuímos um "sentido para a ordem".

Como se estivéssemos conferindo em um mapa interior, nós examinamos se a situação concreta com que nos deparamos está de acordo com nossas ideias, muitas vezes inconscientes, da "reta ordem". Aqui estamos nos movimentando espiritualmente em uma ideia sistêmica. Nós vemos um todo, onde existem partes que estão no lugar certo e partes que não estão.

Os sistemas sociais reagem com muita sensibilidade a uma ordem perturbada: as pessoas adoecem, as crianças deixam de render na escola, ou o rendimento da empresa passa a ser insatisfatório. Muitas vezes é só a análise das interações no sistema que possibilita a compreensão ou a solução do problema. A realidade mais importante não é o indivíduo, mas sim suas ligações e posições – sem excluir as expectativas, exigências e relações a isto associadas. É nelas que devemos trabalhar construtivamente, se quisermos reagir sensatamente às perturbações.

O conhecimento de que experiências fatídicas muitas vezes atuam em uma família por várias gerações é relativamente recente em psicologia. Ancelin Schützenberger, em suas pesquisas genealógicas na França, encontrou muitos exemplos de como numa família, por várias gerações, as pessoas voltam sempre a enfrentar novamente os mesmos destinos. Bert Hellinger conseguiu mostrar – o que posteriormente foi de muitas maneiras confirmado – que os descendentes inconscientemente pagam pelas graves culpas de seus pais e avós, ou tentam vingar-se – porém na pessoa errada! – de injustiças sofridas por seus ancestrais. É bem possível que exista alguma relação entre este fenômeno e certas afirmações do Antigo Testamento – como, por exemplo: "Ele castiga a culpa dos pais nos filhos e netos até à terceira e quarta geração" (Ex 34,7). Ou: "Nossos pais pecaram e já não existem, e nós carregamos suas culpas" (Lm 5,7).

Nos sistemas – tanto nas famílias quanto nas organizações – parece existir a necessidade de uma compensação. Dessa forma, sempre pôde ser observado em árvores genealógicas nos EUA que os filhos, e com mais frequência ainda os netos, sofrem com doenças graves ou com estranhos acidentes, por seus ancestrais haverem enriquecido à custa do sofrimento de outras pessoas. Nos filhos e netos dos criminosos nazistas muitas vezes nós encontramos uma expiação por meio da escolha de uma profissão social, ou por não levarem uma vida feliz. Inconscientemente se manifesta aqui uma lealdade para com as vítimas.

Nas representações familiares podem ser descobertos e estudados destinos humanos inexplicáveis, relacionados com acontecimentos anteriores na família. Sempre volta a se manifestar como a herança psíquica – e em muitos casos sua elaboração – é importante para o êxito e o sucesso na vida.

## 7.2 Representações organizacionais e sistêmicas

Com a técnica da representação familiar tornou-se possível mostrar e elaborar as ordens ou a falta de ordem existente. As representações familiares têm sua origem na terapia familiar sistêmica de Bert Hellinger. Sob o nome de "representação familiar", posteriormente este método espalhou-se pelo mundo todo. Passou a ser aplicado de uma forma cada vez mais ampla nos questionários profissionais, não por último devido à sua espantosa eficácia.

Quando alguém, com auxílio de representantes, coloca intuitivamente no espaço as respectivas pessoas ou elementos, as relações se reproduzem espacialmente e passam a ser visíveis em sua funcionalidade ou falta de funcionalidade. As representações mostram como nós "nos colocamos em relação a alguma coisa", ou onde nós e os outros temos nosso lugar num sistema, de acordo com nossas ideias. A posição e a direção do olhar das pessoas que se encontram no espaço, bem como suas informações sobre o estado de ânimo, mostram de uma forma rápida e direta as conexões importantes na estrutura relacional de uma organização ou de um setor, que frequentes vezes não haviam sido percebidas.

A partir dessas informações são deduzidos os novos posicionamentos exigidos e os próximos passos – com o fim de aumentar a sinergia no sistema. Também podem ser testadas alternativas em seu efeito sobre o todo através do reposicionamento de elementos do sistema. Nós sempre nos surpreendemos ao verificar como os representantes são capazes de ver e de sentir conexões, que para as próprias pessoas, pela própria "cegueira sistemática", permanecem ocultas. Dessa forma podem ser enfocadas e elaboradas em sua dinâmica mais profunda as situações de equipes e as decisões, mas também os processos para encontrar as metas e estratégias, e outros processos empresariais.

Grandes empresas passaram, entrementes, a analisar por meio de representações o efeito que as planejadas mudanças estruturais exercem sobre os colaboradores. Ou a verificar se alguém se enquadra em uma equipe, e qual o lugar que irá ocupar nela. Os conflitos são levantados com a ajuda de "representantes", para reproduzir toda a estrutura relacional e observar as interações. Por exemplo, um grande produtor de telefones celulares usa as representações para preparar reestruturações. Dessa maneira, pode-se examinar como os colaboradores irão sentir-se nas novas posições, e onde é que poderiam surgir problemas.

O que é reproduzido numa representação não é o problema, mas sim o sistema onde o problema apareceu. As pessoas, que são intuitivamente colocadas representando as pessoas envolvidas, relatam sobre seus sentimentos em relação aos outros participantes. Dessa maneira, pode-se analisar quem é importante, quem ainda está faltando, e que passos são necessários para se chegar a uma boa solução que seja satisfatória para todos os participantes.

As descrições verbais de situações – como são comuns no aconselhamento – possuem dois pontos fracos. O narrador nunca descreve a situação em si, mas somente a sua visão subjetiva da situação, que muitas vezes deixa de lado aspectos importantes. A descrição verbal possui um conteúdo limitado, e necessariamente tem que deixar de lado muitos aspectos parciais. Quando "se representa" um problema, entra em cena a antiga sabedoria, de que uma imagem fala mais do que mil palavras. Na representação entram em cena aspectos de que o representador não está consciente, mas que podem ser vistos por observadores imparciais.

Um exemplo: Em um seminário de liderança, um participante – ele é curador de unidades autônomas de venda de uma grande empresa – se queixa de ser completamente bloqueado pelos três gerentes de uma sociedade. Não encontra nenhuma explicação para isso. Para a representação, escolhe quatro pessoas do seminário, representando ele próprio e os gerentes, e os coloca na sala – de acordo com a imagem que tem no seu íntimo. Levanta a imagem de uma "barreira" defensiva: os três gerentes voltados uns para os outros, e ele próprio fora desse círculo.

No seu íntimo este curador carrega a imagem de encontrar-se fora e de ser rejeitado – uma imagem "preconcebida". Isto o leva a conduzir todos os diálogos a partir dessa "posição externa". Inconscientemente ele emite sinais de relação que dizem aos outros: "Eu estou fora". E vice-versa, interpreta os sinais dos outros como confirmação de sua imagem da situação: "Eu sou rejeitado". Agora – na representação – é possível não somente o curador se conscientizar da parte que desempenha na situação, mas também colocá-lo num lugar diferente, a partir do qual ele pode exercer uma influência maior. Na solução, os três gerentes estão colocados em semicírculo ao redor do curador, todos com a visão um pouco deslocada lateralmente.

A base para nossas comunicações e percepções sempre é a imagem interior da situação. Em uma representação, a pessoa atingida, no sentido literal da palavra, pode ocupar uma nova posição e verificar como isto altera as relações com as outras pessoas. Sua imagem interior é modificada, e na situação real ele enviará mensagens relacionais diferentes das que enviava antes. Muitas vezes os atingidos ficam profundamente admirados com o efeito que se manifesta quando o lugar correto é encontrado e uma nova ordem é produzida.

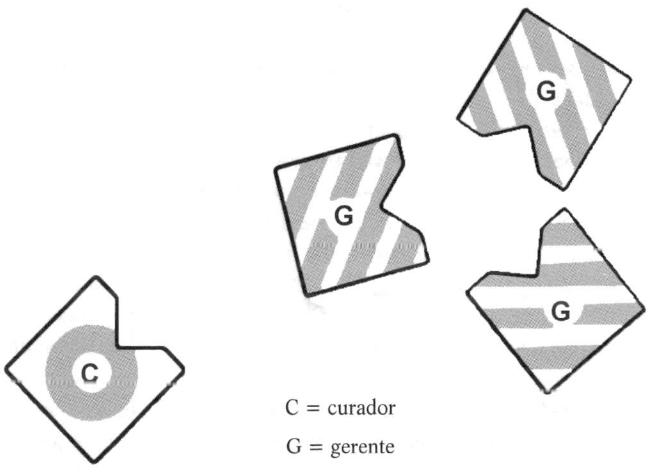


C = curador

G = gerente

A direção sempre tem recorrido aos conhecimentos oriundos de outros sistemas e disciplinas sociais. A organização militar, com suas claras hierarquias e estruturas, serviu de inspiração para a organização das empresas. Conhecimentos provenientes da pedagogia e da psicologia motivacional foram acolhidos em muitos manuais sobre liderança. A cibernética e os conhecimentos da informática apadrinharam o desenvolvimento das redes, organizações matrizes e teorias sistêmicas.

A relativamente nova ciência das leis e dinâmicas dos sistemas mais uma vez irá modificar o procedimento da liderança. Quem constantemente busca desenvolver-se terá sempre que ver o todo em suas interações e encontrar ordenações que sejam boas para todas as partes do sistema. Esta é, substancialmente, uma abordagem espiritual, pois considera a liderança como tendo que ser boa para todos. Estudos empíricos têm comprovado que o olhar para o todo – para todas as pessoas envolvidas – é o que produz os melhores frutos.

**Uma dica sobre as representações familiares e sistêmicas:** Não é um bisturi amolado que faz um bom cirurgião! A técnica da representação familiar e organizacional não é protegida, e infelizmente ela também é utilizada por líderes de curso inexperientes. Os processos postos em prática numa representação podem ser muito aprofundados. O orientador precisa saber como ajudar as pessoas que foram profundamente tocadas pela representação. Deve igualmente conhecer os limites dessa técnica, que não é nenhuma "adivinhação", nem também uma "panaceia". Bons representadores precisam ter não apenas uma boa formação no método, mas também uma boa base de experiência na respectiva área de aplicação.

## 7.3 Sistema familiar e sistema empresarial

Muitos problemas empresariais e profissionais só podem ser resolvidos quando considerados dentro de um contexto sistêmico maior. Problemas sem solução no sistema familiar são muitas vezes inconscientemente levados para a empresa. Os psicólogos falam de "transferência" e de "projeção", quando, por exemplo, uma mulher despeja sobre seu chefe o problema não resolvido com o pai. Ou vários planos sistêmicos se sobrepõem – como sistema familiar e sistema empresarial, por exemplo.

Um exemplo impressionante é fornecido por dois irmãos em uma entrevista de aconselhamento. Os dois são proprietários, cada um com cinquenta por cento, de uma empresa de porte médio, e igualmente autorizados a gerenciar. Eles experimentam tensões subliminares, apesar de ambos estarem dispostos a trabalhar bem e conjuntamente. O mais velho queixa-se de estar sobrecarregado, o mais novo de estar faltando dinamismo. Solicitados a "representar" sua relação – portanto, a levantarem-na espacialmente –, ambos ficam por um breve tempo andando de um lado para o outro na sala de conferências. O mais velho termina se colocando no centro, com os dois braços apoiados nos quadris. O mais moço não encontra um lugar que lhe pareça adequado, mas termina ficando a uns dois metros do irmão, declarando que este não é um lugar bom, mas apenas entre todas as posições experimentadas o mal menor.

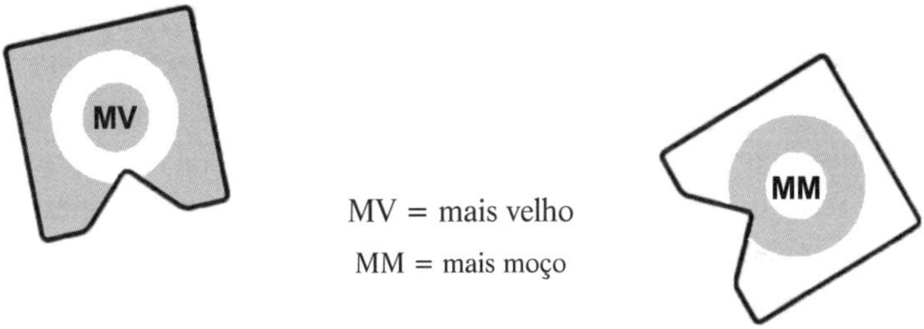


Esses lugares correspondem à ordem certa no sistema familiar de ambos. O mais velho se encontra antes do mais moço no sentido dos ponteiros do relógio. Ele chegou antes, e por isso sempre fica antes dele. A causa das inexplicáveis tensões entre ambos fica evidenciada quando se pergunta pela história da empresa. O mais moço havia fundado a empresa há muitos anos, e o irmão mais velho só ingressou na empresa alguns anos mais tarde. Após esse esclarecimento, os dois são solicitados a trocar de lugar.

Logo se pode observar uma clara mudança, tanto na atitude corporal quanto na expressão facial dos dois irmãos. O mais velho diz que tirou dos seus ombros um peso. O mais moço acha que finalmente é este o lugar certo e bom. Até então os dois haviam, na empresa, “representado a família”, atuando numa ordem que não havia sido entendida corretamente. Agora, o mais moço, como fundador e primeiro colocado na empresa, ocupa também seu lugar como o "número um". Ambos sentem-se muito bem com esta nova imagem de sua relação. Ela marca de maneira positiva o futuro desenvolvimento da empresa.

A linguagem diária contém muitos exemplos de como metáforas espaciais ou "corporais" são usadas para descrever as relações entre as pessoas: "estar perto ou longe" de alguém, Fulano "mantém minhas costas livres", Sicrano tem "um ponto de vista firme", alguém "voltou-se para mim" ou "me virou as costas", ou "tal ideia está longe de mim"... Obviamente nossas relações com as outras pessoas, com as coisas e as ideias são elaboradas e armazenadas como estruturas espaciais.

## 7.4 O sistema completo

Nos sistemas existe o direito de se fazer parte. Todo membro da família ocupa um lugar determinado no sistema familiar. Quando alguém é excluído – por exemplo, quando um membro da família está internado por doença mental, e não se fala mais dele –, isto tem efeitos negativos sobre o resto da família. Vale a mesma coisa também para as empresas, embora com menor intensidade. Quando alguém é despedido a contragosto, ou "despachado", isto sobrecarrega o resto da empresa.

O velho tema da culpa e do castigo experimenta uma nova confirmação nas considerações sistêmicas. Com isto, voltar o olhar para cada um nada tem de um "luxo" humanitário, mas é uma necessidade sistêmica para nas organizações chegar-se ao desenvolvimento e à eficiência. E não é somente de culpa pessoal que se trata aqui. Nas posições de liderança nós assumimos a herança sistêmica do todo, por conseguinte também a "história" da empresa ou da organização.

Um exemplo: Uma arquiteta é posta na liderança de um setor de construção de um departamento maior. Na equipe que ela lidera existem conflitos subliminares. Todos os esforços por uma boa e franca convivência mútua são inúteis. Depois que assumiu seu posto, a arquiteta soube que anteriormente sua antecessora havia sido degradada pelo gerente, por "incapacidade", e em seguida forçada a aposentar-se. A arquiteta já havia, por várias vezes, feito contato com sua antecessora, tentando relacionar-se bem com ela, mas sem resultado. Sua antecessora está profundamente entristecida e com raiva de toda a repartição. Numa representação, fica claro que os colaboradores se solidarizam intimamente com a líder anterior, e por sua conduta tentam secretamente vingar-se do sistema, por haver tratado mal essa mulher. O sistema, assim, cria uma compensação, e por conseguinte um equilíbrio sistêmico. Porém, esta forma de compensação não favorece nem a boa convivência nem a eficiência no trabalho. A solução consiste em restaurar o equilíbrio no sistema – aqui, neste setor – de uma forma mais favorável. Numa representação, a arquiteta posiciona intuitivamente na sala, quatro representantes: para ela própria, para a antiga líder, para os colaboradores e para o gerente responsável. Quase como se tratasse de um ritual, a ofensa é então verbalizada e dirigida ao destinatário correto – o gerente. A líder atual (ou melhor, quem faz seu papel na representação) manifesta seu sincero pesar à antecessora (isto é, à representante da antecessora). Após a representação, a arquiteta sente-se muito aliviada e declara que agora compreende muita coisa, e que passou a perceber com clareza a situação.

Um dos mais admiráveis fenômenos do trabalho de representação é que não é necessário que os atingidos sejam incluídos pessoalmente. Basta incluir uma pessoa do sistema que tenha sido atingida e que, com seriedade, deseje melhorar alguma coisa. Se isto modificar alguma coisa importante em uma parte do sistema, terá um efeito também sobre todas as outras partes.

A liderança sempre fracassa nas situações em que se trata de complicações sistêmicas que nada têm a ver com as ocorrências atuais. Tais complicações podem localizar-se tanto no sistema empresarial quanto no sistema familiar de algum atingido. Em nossa esfera cultural, muitas vezes um papel muito importante é desempenhado por crimes da época nazista, ou por trágicos destinos ao longo da Segunda Guerra Mundial.

Pensar dentro de contextos sistêmicos maiores pode ter um papel decisivo para os processos de equipe. Conflitos, rivalidades, e toda a dinâmica do grupo se modificam quando o olhar se volta para o todo maior: Para que estamos aqui? Qual o sentido desta empresa? Aonde queremos chegar? Que é que nos ajuda a chegarmos aos nossos objetivos?

Estas perguntas e outras semelhantes relativizam todos os processos de equipe, ao dirigirem os olhares para algo diferente e mais amplo. Nas representações se pode mostrar não apenas como se modifica a imagem global de um grupo ou de uma equipe mas também qual o estado de ânimo dos participantes quando, por exemplo, os clientes – ou, numa clínica, os pacientes – são incluídos na representação.

A tarefa da liderança passa por uma importante ampliação quando ao pensamento baseado nas posições e nos processos se acrescenta uma visão sistêmica. Nesse caso, tornam-se evidentes contextos e dinâmicas que de forma decisiva podem contribuir para boas soluções.

## 7.5 Raízes sistêmicas

A tarefa de autoconduzir-se inclui também a reconciliação com as antigas feridas e ofensas do passado. A "limpeza" do próprio íntimo representa uma tarefa que dura a vida inteira. Todo passo dado neste caminho nos torna interiormente mais livres e nos põe numa ligação melhor com nossas energias e recursos. Só esta liberdade interior – que surge quando as pessoas superam as próprias misérias – é que torna possível nos voltarmos para o outro. Nesse caso já não temos necessidade do outro para nos autoconfirmar, e podemos, então, voltar-nos inteiramente para ele. Passos dados neste caminho são as possibilidades de autorreflexão, os processos de purificação no caminho do espírito, os grupos de autoexperiência ou as diferentes formas de apoio terapêutico.

Os importantes processos de limpeza interior estão associados sobretudo a três setores que, como se fossem as raízes de uma árvore, nos dão força e nos alimentam quando estamos ligados a eles. E vice-versa, quando o fluxo de energia nesse terreno se encontra bloqueado, nós também nos sentimos enfraquecidos, muitas vezes deixamos de obter êxito ou passamos a sofrer sob um peso inexplicável.

São as nossas raízes **biológicas, geográfico-sociais** e **religiosas** com as quais precisamos estar reconciliados. É precisamente com empresários, com autônomos, e de modo especial nos desafios, que se mostra se a ligação das pessoas com suas raízes é boa, e se as pessoas estão recebendo delas bastante energia. Estar em paz consigo mesmo significa estar reconciliado e ligado às próprias raízes. A falta de energia – e por vezes também de orientação – revela a presença de uma perturbação.

### *7.5.1 As raízes biológicas*

As pessoas que dentro de si carregam raiva ou ódio em relação a seus pais ou a um dos seus genitores estão desligadas das energias que poderiam ser provenientes deles. “Receber dos pais” pressupõe que eu me tenha reconciliado, que valorize o que recebi deles. Por vezes isto pode ser muito difícil e doloroso, se as pessoas tiverem tido uma infância difícil.

O quarto mandamento é claramente confirmado pelas experiências das representações familiares. “Honra teu pai e tua mãe para que vivas longos anos” (Ex 20,12). Com mais clareza ainda nós podemos ler no livro do Eclesiástico:

> Filhos, escutai a advertência de um pai;
> e assim agi, de maneira a serdes salvos.
> Pois o Senhor glorifica o pai em seus filhos
> e consolida a autoridade da mãe sobre a prole.
> Quem honra o pai
> expia os pecados;
> quem glorifica a mãe
> é como se acumulasse tesouros
> (Eclo 3,1-4).

Entre empresários e autônomos, sempre se pode observar: quando discutem com os pais – quando conservam raiva do que os pais lhes fizeram –, o êxito profissional não consegue manifestar-se. Falta-lhes a força e energia – nada conseguem fazer progredir, ou não conseguem manter o que foi alcançado. Em certas tribos indígenas ainda hoje é comum se imaginar sete gerações de ancestrais bem-sucedidos, e em seguida imaginar outras sete gerações futuras, a fim de entrar na corrente de energia da própria ancestralidade.

Nos cursos de representação, um dos exercícios mais impressionantes consiste em colocar atrás de uma pessoa sete pais ou mães bem-sucedidas. Os envolvidos sentem a energia que flui daí. A representação dessas raízes biológicas também pode servir para diagnosticar e trabalhar as perturbações. No fundo é este o núcleo de todas as representações familiares: pôr ordem no sistema familiar e fazer com que a energia consiga fluir.

### *7.5.2 As raízes geográficas e sociais*

A importância das raízes geográfico-sociais só é descoberta pela maioria das pessoas quando as perdem. Nós estamos ligados à paisagem, à cultura, aos hábitos, à língua e a muita coisa que constitui nossa pátria – de modo particular também a pátria dos nossos ancestrais. As pessoas cujos ancestrais foram exilados, ou que chegaram elas próprias a perder sua pátria, foram separadas dessas raízes. Passam-se várias gerações até que se consiga chegar a um "crescimento" sólido e a criar raízes.

Mas as pessoas que não dão valor à sua pátria também deixam de ter à sua disposição a força que daí poderiam receber. Os efeitos se manifestam de uma maneira sutil, ou nos momentos em que, inexplicavelmente, nos falta a força para novas tarefas.

Um exemplo: um cliente se queixa de que seu trabalho de habilitação não vai para a frente, embora as condições sejam todas favoráveis. A mulher o apoia, seu orientador, junto a quem ele ao mesmo tempo trabalha como assistente, deixa-lhe bastante espaço livre. Tudo parece estar certo. Numa representação, ele se defronta com suas raízes geográficas. Sua expressão facial torna-se muito séria e ele se lembra de que seu pai veio de uma região muito pobre. Sua mãe financiou seus estudos, fazendo, literalmente, o possível e o impossível. Ele consegue estabelecer uma relação íntima com essa região e assumir uma atitude de gratidão e de apoio. Percebe como se torna interiormente tranquilo e como a paz se manifesta no seu íntimo.

Mas a solução de reconciliar-se com suas raízes geográficas e sociais também pode consistir em aceitar a falta e em lamentar a perda. Entre pessoas exiladas, muitas vezes esta é a única possibilidade que ainda lhes resta. Este trabalho de lamento pode ser necessário ainda mesmo na segunda geração: o olhar para trás, para aquilo que se perdeu, e o valorizar a antiga pátria.

### *7.5.3 Os valores espirituais*

Queiramos ou não, a religião possui uma profunda influência na organização de nossa vida, qualquer que seja a forma como tenha sido vivida na infância. Pelo menos a partir do meio da vida, as interrogações pelo sentido da nossa vida, pelos valores permanentes e o desejo de criar algo que possua valor e sentido passam a ter importância. Muitas pessoas experimentam, então, que o Deus de sua infância está desgastado, que não serve mais de orientação para sua vida.

A *religio* – a religião como "religação" à origem, ao absoluto – volta a ser descoberta como um elemento importante da ligação sistêmica e como raiz religiosa e espiritual. A pessoa sente que não se trata unicamente de ocupar o lugar certo nos sistemas sociais, mas também de uma pátria religiosa. Por vezes, a experiência concreta de igreja na infância está ligada a experiências negativas, ou mesmo traumáticas. As marcas deixadas pelas primeiras experiências religiosas são tão profundas quanto as outras experiências infantis. Precisamos reconciliar-nos com elas, da mesma forma que com as demais raízes, se quisermos aproveitar a força particular que delas provém.

As pessoas com raízes religiosas passam pela vida com mais estabilidade psíquica e física: isto é confirmado por um sem-número de pesquisas. Só da religião é que nós obtemos respostas para as últimas perguntas, que com o avanço da idade passamos a nos fazer de uma forma sempre mais consciente. O acesso a esta raiz nós precisamos elaborar, sobretudo como adultos. Poderemos, de certo, manter nossa "religião da infância", mas então haveremos de ficar presos às formas exteriores, que podem talvez apoiar-nos, mas que não podem nos dar verdadeira força.

O caminho para nossa raiz religiosa e espiritual consiste em nos pormos a caminho. Sempre precisamos reencontrar-nos. "O caminho é a meta", diz-se no zen. Podemos ler no Antigo Testamento:

"O Senhor disse a Abrão: Sai de tua terra, de tua parentela, da casa de teu pai e vai para a terra que te mostrarei" (Gn 12,1).

Numerosos textos místicos apontam para a mesma coisa. Assim o estudioso da Bíblia, Fridolin Stier, escreve: "Vai, deixa a pátria, o mundo. Nele nasceste, nele te instalaste – a casa está cheia com os nomes das coisas que te rodeiam". E o místico sufista Jalal ad-Din Rumi verifica: "Percorri o mundo inteiro à procura de Deus e em lugar algum o encontrei. Quando voltei para casa, vi-o em pé junto à porta do meu coração".

O problema é que nesta caminhada espiritual nós precisamos partir sem conhecermos o destino. Temos que deixar o velho sem que vejamos o novo. Isto está ligado a angústias, crises e dificuldades. São estas as características de todos os caminhos espirituais, que na verdade são caminhos, e não abrigos.

A representação das raízes espirituais pode levar essa problemática a se tornar consciente. Para quem já ultrapassou a meia idade, quase sempre é fácil despedir-se do "Deus de sua infância". O novo – que é descrito como "vocação", "tarefa de vida", "nova pátria religiosa", "meta", ou qualquer outro nome que seja – quase nunca pode ser apreendido concretamente. A maioria desejaria trocar esta qualidade inteiramente nova, que a razão não consegue apreender, por um padrão de pensamento conhecido. Com isto, no entanto, ela perde sua verdadeira natureza de mistério.

Esta busca de um novo enraizamento religioso termina, por vezes, levando as pessoas para as mãos das seitas ou dos salvadores da *New Age.* Quase sempre o resultado é a decepção. Uma ajuda autêntica é oferecida pelas tradições espirituais das grandes religiões. Aqui existem boas oportunidades de encontrarmos conselheiros experientes e pessoas de mente aberta e solidária.

## TEXTO DE APROFUNDAMENTO
# Vida em comum

*A representação sistêmica – seja com referência à família ou à empresa – faz com que o olhar se torne mais penetrante para as relações de que são "compostas" todas as formas de comunidade. O olhar não se volta para uma imagem idealizada do eventual grupo de convivência, mas o que é reproduzido, descrito e elaborado são justamente as dificuldades e os problemas resultantes das várias constelações. Tudo quanto aqui é importante, e como a ordem apoia a convivência ou o trabalho em comum, pode ser mostrado por um olhar a São Bento, um "perito" cuja regra, há cerca de 1500 anos, serve de orientação às pessoas.*

Embora seja o fundador de uma forma de vida comunitária, Bento nada tem a ver com um romantismo social. Ele não fundamenta a vida comunitária em grandes explanações teológicas, mas simplesmente a descreve. O que é importante para ele é que as relações sejam bem-sucedidas. Também para ele, *comunidade* é uma coisa do dia a dia, que se reflete no decurso ordinário do trabalho, da oração e do cuidado da casa. Bento é extremamente cético com relação aos monges "giróvagos" e egoístas, que se comprovam incapazes de manter relações (cf. Regra de São Bento 1,10ss).

Quando lemos suas instruções sobre a vida comunitária, fica claro que ele se ocupa com os membros difíceis em sua comunidade, com pessoas obstinadas, teimosas, indisciplinadas, agitadoras, orgulhosas e desobedientes (cf. Regra de São Bento 2), porém com o objetivo de mesmo nestas circunstâncias se viver em comum a própria fé. Por isso é preciso que nos exercitemos no convívio com essas pessoas. A convivência mútua, como é mostrado precisamente nos últimos capítulos de sua Regra (cf. Regra de São Bento 68-71), é tão importante para ele que Bento procura evitar a carga excessiva e as ofensas, e faz do amor e do respeito mútuo o ponto crucial da vida em comum. O bom êxito da comunidade toca o ponto nevrálgico de sua regra.

"Honrar todos os homens" (Regra de São Bento 4,8). Impossível dizer isto com palavras mais simples. A vida comunitária nasce do respeito e da valorização do outro, cresce com o respeito mútuo, independentemente da dignidade e da origem. Em São Bento esse respeito tem suas raízes na íntima relação entre o amor a Deus e o amor ao próximo (cf., entre outros, Regra de São Bento 4,1.14-16). Cristo vem ao meu encontro no outro, nos irmãos, no hóspede, no enfermo, no estranho, no abade. Neste sentido Bento cita várias vezes o Apóstolo Paulo: "Sede cordiais no amor fraterno entre vós" (Rm 12,10; cf. Regra de São Bento 63,17; 72,4). Por isso na convivência mútua cada um deve ser uma bênção para o outro (cf. Regra de São Bento 63,15).

Bento ainda dá outros passos em vista de criar comunidade. Além do respeito por cada pessoa individual, está o cuidado pelo outro, que não faz exigências, mas que está atento às suas necessidades (cf. Regra de São Bento 34,1-4). Novamente, ele sempre exige uma convivência amável com os outros, quer infundir coragem, trazer consolo e aceitação. Esta convivência deve ser exercida mutuamente. Os enfermos devem ser acolhidos em suas fraquezas, mas o enfermo também não deve, por exigências exageradas, sobrecarregar ou levar ao desânimo os que cuidam dele (cf. Regra de São Bento 36,4). Cada um, por mais insignificante que possa parecer, possui seu carisma e sua tarefa no conjunto da comunidade: o porteiro, o celeireiro, o que serve à mesa. De uma comunidade viva faz parte a perseverança, a fiel ligação à própria comunidade (cf. Regra de São Bento 4,78).

Faz parte disto, ainda, uma ordem interior e exterior, na consciência de que esta ordem serve de ajuda e de apoio à comunidade. E por último, faz parte disto também a previdência e a direção do abade, com seu acervo de experiência. As virtudes pelas quais uma comunidade pode se tornar viva já foram vistas nas considerações sobre o mútuo ouvir: respeitar-se mutuamente, aceitar-se amavelmente nas fraquezas, reforçar os pontos fortes, escutar um ao outro, ser paciente, não explorar o outro, mas amá-lo – todas estas são atitudes que também têm seu lugar no dia a dia normal das famílias. Juntamente com nossos filhos nós tentamos harmonizar o ritmo exterior da vida e a ordem interior quando pomos em prática o decurso ordenado dos brinquedos comuns ou das refeições, durante o dia ou à noite, dessa forma aprendendo a conviver uns com os outros. [...]

*O objetivo* da comunidade é a *paz* dos seus membros (cf. Regra de São Bento 34,5). Por isso é preciso procurar a paz e segui-la (cf.

Regra de São Bento, Prólogo 17). Isto significa, por um lado, buscar a paz interior, que liberta o coração e traz alegria, e que liberta dos resmungos, da mútua suspeita e do sentir-se ofendido (cf. Regra de São Bento 5,16-18). Mas significa também, por outro lado, preservar a paz exterior um com o outro, dia por dia. Então a convivência mútua pode ser salvífica, então a comunidade pode se transformar na morada de Deus entre os homens, na "casa de Deus" (Regra de São Bento 31,19; 53,22 et al.).

ABEL, I. & ABEL, P. *Familienleben* – Spirituelle Impulse aus der Regel Benedikts. 2. ed. rev. e ampl. Münsterschwarzach: Vier-Türme-Verlag, 2002, p. 58-62. [Münsterschwarzacher Kleinschriften 104].

# 8
# A LIDERANÇA COMO TAREFA ESPIRITUAL

*Por isso o abade nada deve ensinar, determinar ou ordenar, que seja contrário ao preceito do Senhor.*

Regra de São Bento 2,4

*O maior entre vós seja como o menor, e quem manda como quem serve.*

Lc 22,26

## 8.1 O que é espiritualidade?

A espiritualidade passou a ser uma palavra da moda. Em determinados círculos é chique se apresentar como "espiritual".

A verdadeira espiritualidade é vivida no dia a dia. Ela se manifesta no agir, que é autêntico e marcado por valores, na aparência, que manifesta a segurança interior, e sobretudo na dedicação às exigências do dia a dia. O conhecido beneditino e mestre zen Willigis Jäger enfatiza constantemente: um caminho espiritual que não leve ao dia a dia é um caminho errado. Retiros e *sesshins* são tempos de exercício intensivo que nos fortificam para o dia a dia.

As pessoas espirituais pouco ou nada falam de sua espiritualidade, elas a vivem. A espiritualidade autêntica nasce de experiências interiores, que essas pessoas adquiriram com a prática dos exercícios – ou, em raros casos, a partir de uma experiência repentina. Uma característica importante do caminho espiritual é a "purificação", um processo profundo e frequentemente acompanhado por crises, que se manifesta lado a lado com o desenvolvimento da personalidade.

Já o falar sobre espiritualidade é muitas vezes uma espécie de "fuga". A disciplina requerida por uma vida espiritual, que exige transformação interior, muitas vezes dolorosa, é evitada por meio dos discursos teóricos.

Eu entendo espiritualidade como a consciência de uma ligação a um todo maior, com o qual eu estou comprometido e ao qual eu sirvo. Na espiritualidade eu ultrapasso meu pequeno e estreito eu, deixo para trás o narcisismo de girar em torno de mim mesmo. Em lugar disso, difunde-se o sentimento de uma profunda ligação com a criação – na visão cristã, sobretudo também da ligação com Jesus e com sua doutrina. David Steindl-Rast, um beneditino mais conhecido nos EUA, dá uma definição simples e muito bela: espiritualidade é mais vida.

Assim, espiritualidade na liderança é o liderar em vista de um todo maior: do contexto social, da sociedade e da natureza ou da criação. Ela supera o estar voltado para o eu, como aparece com clareza na busca unilateral do poder ou na mentalidade do lucro acima de tudo. A liderança é espiritual na medida em que desperta vida – nos liderados, da mesma forma que no próprio líder. Anda de mãos dadas com uma grande consciência da responsabilidade e faz-nos experimentar o enorme campo de tensões dos mais diversos interesses e necessidades, onde a liderança se move.

*Espiritualidade, para mim, é viver do espírito de Deus. A palavra latina* spiritus *refere-se ao Espírito Santo: o espírito que nos é dado por Deus. Para nós, cristãos, este espírito é ao mesmo tempo o espírito de Jesus. Quem vive do espírito de Jesus também irradia a atitude que Jesus nos mostrou: atitude de amor, de mansidão, de misericórdia, de compaixão. Ele não julga nem condena.*

*Se alguém vive do Espírito de Deus, nós o percebemos por sua irradiação. Então ele se torna transparente para algo que o supera. Não coloca no centro seu ego, mas por ele flui um espírito que o une também aos demais. Não se coloca, com sua espiritualidade, acima dos outros, mas sente-se um com eles, porque neles se encontra o mesmo Espírito de Deus. Uma característica importante de uma pessoa espiritual é que sua vida produz frutos. Quem lidera de tal forma que em torno dele "floresce" alguma coisa, em última análise, está haurindo da fonte do Espírito Santo – mesmo que disso ele não tenha consciência. Ao passo que aquele que usa palavras piedosas e cria um clima agressivo com seu trabalho não está se deixando conduzir pelo Espírito Santo, mas sim, em última análise, por seu próprio orgulho, ou pela necessidade reprimida de poder.*

*Outra característica da pessoa espiritual é a liberdade interior. Paulo escreve aos coríntios: "O Senhor é o Espírito, e onde está o Espírito do Senhor, há liberdade" (2Cor 3,17). A pessoa espiritual não fica girando em torno de si própria e de sua imagem. Ela está livre para se envolver inteiramente com as pessoas e com o trabalho. Não reflete sobre como seu trabalho é visto. Também não o julga ela própria. É "transparente". Quando o espírito penetra nessa pessoa, aí alguma coisa floresce, aí os outros sentem prazer no trabalho.*

*A respeito do Espírito que ele envia aos seus discípulos, Jesus diz que é o Espírito da verdade: "Quando vier o Espírito da verdade, ele vos ensinará toda a verdade" (Jo 16,13). Ele nos abrirá os olhos para a verdadeira realidade. Aquele que vive do Espírito Santo não falseia a realidade com suas projeções. Vê as pessoas e as coisas como elas são na realidade. E o Espírito enviado por Jesus nos ensinará todas as coisas e nos lembrará o que o próprio Jesus fez e ensinou (cf. Jo 14,26). Quem é espiritual, transmite com suas palavras, com suas ações e com tudo quanto irradia um pouco do Espírito de Jesus. Nem todos que usam as palavras de Jesus vivem do seu espírito. Se alguém vive do espírito de Jesus, isto se manifesta pelo "bom gosto" que ele espalha. O bom gosto de Jesus não é de dureza nem de amargor, não é gosto de condenação, mas é um gosto de clareza, de amor e de liberdade.*

## 8.2 A liderança na doutrina de Jesus de Nazaré

*Jesus de Nazaré tem algo a dizer sobre a liderança exercida no seu espírito. Dos quatro evangelistas, foi sobretudo Lucas quem se interessou pelo que Jesus disse sobre liderança. Pois Lucas escreve seu evangelho para a classe média grega. Por isso ele está sempre interessado em mostrar como devemos conviver com a propriedade e com os bens deste mundo.*

*O Jesus do Evangelho de Lucas não exige dos trabalhadores e comerciantes que abandonem sua profissão, nem dos grandes proprietários que eles vendam todas as suas terras. Pede-lhes, pelo contrário, três atitudes.*

*A* **primeira** *atitude é que eles tratem as coisas com cuidado e responsabilidade. E aqui – em sintonia com a filosofia grega – Lucas vê as coisas deste mundo como algo que é estranho ao homem. Para o filósofo Platão, o que propriamente importa é a alma, o mundo interior do homem. Mas Lucas vê uma ligação entre o convívio responsável com as coisas deste mundo e a reta relação com a própria alma. Assim Jesus pergunta: "Se não fordes fiel no alheio, quem vos dará o que é vosso?" (Lc 16,12). Portanto, para o Jesus do Evangelho de Lucas, a espiritualidade se manifesta em tratarmos cuidadosa e responsavelmente as coisas deste mundo, e em liderarmos com clareza e com cuidado. No quotidiano, na maneira como eu trabalho e como lidero, a minha espiritualidade se manifesta.*

*A* **segunda** *atitude que Lucas exige dos responsáveis pelo comércio e pela produção é a solidariedade para com os que padecem necessidade (cf., p. ex., Lc 6,38). No Evangelho de Lucas, Jesus sempre diz que devemos dividir com os pobres o que possuímos. Não devemos nem podemos girar unicamente em torno de nós mesmos e de nossos bens, mas sempre devemos também ter em vista os pobres. Por isso é importante a reta distribuição dos bens. O que é prejudicial não é a propriedade em si, mas esta leva as pessoas à tendência de se isolarem e colocarem uma espécie de máscara. Muitos se escondem por trás da máscara da propriedade. Então a pessoa não pode mais desenvolver-se. Uma mulher, por exemplo, contou-me a respeito de seu marido, economicamente bem-sucedido, que não consegue mais falar com ele, porque agora tudo gira unicamente em torno do dinheiro. Este homem perdeu o contato com sua alma. Por isso sua mulher não tem mais acesso ao seu coração. A insensibilidade leva à falta de cultura e a uma sociedade que se endurece cada vez mais. Também a solidariedade é uma característica importante de uma boa liderança. Eu me sinto solidário com aqueles que dirijo. Nós todos compartilhamos do trabalho. Estamos todos no mesmo "barco" da empresa, trabalhando juntos para o bem da empresa e das pessoas.*

*A* **terceira** *atitude que Lucas exige das lideranças é a liberdade interior (cf. Lc 12,13-34). Não devemos nos apegar nem aos bens nem à nossa tarefa de líderes. Quem a isto se apega, disto passa a ser dependente. E em última análise ele será marcado pelo medo. A liberdade interior em relação aos bens e à tarefa de liderança preserva o aspecto humano daquele que possui responsabilidade econômica. Ela o põe em contato com sua alma e com seu coração.*

## *8.2.1 Liderança como serviço*

*A última refeição que Jesus toma com seus discípulos nos é narrada por Lucas sob a forma de uma conversa à mesa. Assim como os filósofos gregos apresentavam suas doutrinas, sobretudo durante a refeição em comum – o assim chamado simpósio –, assim também Jesus, na conversa com seus discípulos, apresenta mais uma vez importantes temas de sua doutrina. E aqui é tratado também o tema da liderança.*

*Os discípulos discutem sobre qual deles é o maior. Jesus lhes responde: "Os reis das nações as dominam e os que exercem autoridade são considerados benfeitores. Não seja assim entre vós, mas o maior seja como o menor, e quem manda como quem serve. Pois quem será o maior, quem está sentado à mesa ou quem serve? Não é quem está sentado à mesa? Pois estou em vosso meio como quem serve" (Lc 22,25-27).*

*Jesus refere-se inicialmente a duas maneiras negativas de liderança, assim como as observa na sociedade. Os reis que oprimem seus povos representam as lideranças que precisam diminuir os outros para poderem acreditar em sua própria grandeza. Mas quem diminui os outros não pode esperar deles grandes realizações. E não está livre para servir à empresa ou às pessoas. Tem que girar sempre em torno de si próprio. A causa de tal liderança negativa está nos complexos de inferioridade. Aquele que se sente inferior precisa sempre colocar-se no centro. E tem que rebaixar os outros para se exaltar. Tem que desvalorizar os outros a fim de se valorizar.*

*De uma pessoa que sempre precisa desvalorizar os outros para que seu próprio valor seja reconhecido, dessa pessoa não se pode espe-*

*rar nenhuma bênção. Pelo contrário, ou ela espalha medo e terror, ou então – quando os outros o percebem – eles ficam penalizados. Percebe-se como tal pessoa tem que se sentir pequena, para constantemente ter que diminuir os outros. Como ela tem que se sentir sem valor, se sempre procura desvalorizar os outros! Em torno de lideranças assim surge um clima destrutivo. E elas apenas se prejudicam a si próprias. Abusam de sua posição de liderança para aparecerem como grandes. Estão presas em si mesmas, e por isso não conseguem enxergar o que efetivamente seria bom para a empresa. E não estão livres para fazerem o que resultaria em bênção para todos. São, em última análise, escravos do seu próprio pequenino ego.*

*A segunda forma negativa de liderança é expressa por Jesus com estas palavras: "Os que exercem autoridade são considerados benfeitores" (Lc 22,25). De fato, na Antiguidade muitos poderosos se faziam chamar de benfeitores. Mesmo que quase sempre apenas impusessem pesadas cargas sobre os súditos, mesmo assim mandavam trombetear diante de si que eram os maiores benfeitores da humanidade. De certa forma faziam com que o "setor de relações públicas" trabalhasse para eles, com o fim de apresentar ao público uma boa imagem.*

*Também estes giram em torno de si mesmos. Não são livres para se envolverem com as pessoas que lideram. Toda sua atenção está dirigida para sua própria imagem. São em última análise narcisistas, que tudo quanto fazem fazem-no apenas para si próprios. Também destes não pode ser esperada nenhuma bênção. E em algum momento eles se revelam como vazios e ocos. Utilizaram seus cargos para encobrir seu vazio interior. Mas não o conseguem para sempre. Quando sua imagem tornar-se desgastada no público, ou quando algum erro fizer com que caiam do trono, eles terminam na miséria e na infelicidade.*

*A respeito desses tipos narcisistas, o psiquiatra Albert Görres, de Munique, disse que eles reúnem em torno de si "admiradores anões". Ao redor de si eles só precisam de pessoas que os olhem de baixo para cima, e que nos tons mais exaltados festejem tudo quanto eles fazem. Deixam-se ninar por um constante canto de louvor a eles dedicado. Isto leva a uma perda da realidade. E de "admiradores anões", evidentemente, ninguém pode esperar grandes realizações. Tais líderes abusam de sua tarefa ao se colocarem permanentemente no centro.*

*Estão em busca de ser queridos por todos. Mas isto os leva a terem que eliminar qualquer um que também seja querido, porque lhes subtrai uma parte do "bolo". Mas com isso desperdiçam o potencial da empresa. Os melhores colaboradores são despedidos porque estes narcisistas temem que possam ofuscá-los.*

*Os psicólogos são de opinião que cerca de 40% do potencial das empresas é desperdiçado por tais comportamentos imaturos. Dói-me ver como tantas vezes os colaboradores são cada vez mais explorados, tendo que render cada vez mais, só porque as lideranças, com sua imaturidade, desperdiçam tanto potencial humano da empresa.*

*Em oposição a estas duas formas negativas, Jesus descreve agora seu modelo de liderança por meio de duas imagens. A primeira: o maior dentre os discípulos deve tornar-se como o menor. A palavra grega* neoteros *significa, propriamente, o mais jovem. Quer dizer, a liderança deve ouvir todos os colaboradores, principalmente os mais jovens. São Bento, em sua regra, leva em conta esta palavra de Jesus quando pede que o abade ouça as opiniões de todos. E diz qual a razão: "Porque muitas vezes o Senhor revela ao mais moço o que é melhor" (Regra de São Bento 3,3). O líder, portanto, não deve insistir no fato de ser mais experiente. Muitas vezes ele também é cego. E justamente por isso é importante ouvir os colaboradores. O chefe deve contar com a possibilidade de Deus falar através dos colaboradores. Tal atitude confere às conversas uma atmosfera diferente, uma atmosfera de abertura e de respeito para com o outro.*

*A segunda imagem modelar da liderança é oferecida pelo próprio Jesus, quando ele serve os discípulos que estão à mesa (na Antiguidade ficava-se "deitado" à mesa em poltronas confortáveis). Gostaria de explicar a palavra "servir" a partir de suas origens etimológicas. A palavra latina* servus *significa, propriamente, o peão que corre de um lado para o outro transmitindo as informações entre a linha de batalha e o general. Servir significa, pois, neste sentido, cuidar que as informações corram bem, que todos estejam igualmente bem informados.*

*Preocupar-se com a boa informação é uma maneira concreta de levar as pessoas a sério e de respeitá-las. Hoje muitas vezes nós só entendemos as informações como meras notícias sobre situações. Mas "informar", originalmente, significa formar através da instrução, com isso levando o outro a uma boa forma. Informação não é simplesmente uma troca de dados; ela põe o outro em situação de sentir-se melhor. Pela informação ele encontra sua melhor forma, sua tarefa, seu chamado pessoal.*

*Mas não se trata apenas de as informações serem bem transmitidas no momento certo, mas também do fluxo da comunicação. Liderar significa adquirir um sentido para a estrutura de comunicação do grupo e cuidar para que a comunicação entre os colaboradores seja boa. Por vezes, a comunicação não vai adiante porque dois membros do grupo não se entendem e projetam seus problemas um sobre o outro. Isto pode confundir ou dividir o grupo inteiro. A liderança precisa ter um bom olho para os processos de comunicação no grupo. Só com uma boa participação das informações e dos sentimentos é que pode ocorrer um agir comum.*

*A palavra grega para servir é* diakonein. *Significa, propriamente, a tarefa de quem serve à mesa. É nisto que Jesus está pensando. Pois ele fala de si próprio como daquele que serve os discípulos à mesa. Quem serve à mesa deseja que a comida agrade aos hóspedes e que eles tenham alegria na vida. São Bento, em sua Regra, escreveu um capítulo próprio sobre o serviço na cozinha e na mesa: "Por esse meio se adquire maior recompensa e caridade" (Regra de São Bento 35,2). Para mim, a tarefa de quem serve à mesa passou a ser a imagem da liderança. Servir quer dizer: servir à vida, provocar vida nas pessoas, despertar nelas vida.*

*Mas despertar vida nas pessoas, como é que se faz isso? Para isso é indispensável a disposição de sempre retrair-se e refletir sobre cada colaborador da minha empresa ou da minha organização. Posso interrogar-me quais as capacidades e possibilidades que estão presentes em cada um: Que potencial têm eles? Este potencial está sendo aproveitado? Ou terá sido enterrado?*

*Quando cada um põe em prática todo seu potencial, isto lhe faz bem, e ele próprio experimenta em si mais vida. Isto, em última análise, termina fazendo bem à empresa. Pois há de pôr suas capacidades a serviço da empresa, não se deixando explorar por ela, mas porque ele próprio sente prazer com isso. Logo que a vida começa a fluir, ela produz fruto para o indivíduo da mesma maneira que para o grupo.*

*Este modelo de liderança é importante, sobretudo quando estou lidando com colaboradores difíceis. Muitos líderes disputam com os colaboradores difíceis. Tentam trazê-los à razão mostrando-se autoritários. Mas existe uma lei básica da convivência: quando eu procedo com violência contra alguma coisa, em resposta eu desperto violência. Quando tento controlar alguma coisa, essa coisa fica fora de controle. Toda força provoca uma força oposta. Quando repreendo duramente o colaborador difícil, ou ele irá retrair-se ou irá desenvolver estratégias de sabotagem. Então eu terei que estar sempre atrás dele para o controlar. Mas quando desperto vida nele, eu não terei mais necessidade de o controlar. Ele próprio irá trabalhar com gosto, porque o trabalho lhe faz bem.*

*O líder não é um terapeuta para colaboradores difíceis. Ele não pode resolver todos os seus problemas. Mas pode refletir como irá dirigir-se ao colaborador e levá-lo de tal forma que ele encontre alegria no trabalho, e que também lance mão do potencial existente nele. Confiando-lhe alguma coisa, o líder desperta nele confiança. Acreditando no que nele existe de bom, o outro poderá também ver-se com olhos diferentes e desenvolver o que nele existe de bom.*

*São Bento insiste com seus monges que em cada irmão e em cada irmã eles vejam Jesus Cristo. Para o mundo do trabalho isto soa por demais piedoso. Mas o significado é que eu devo acreditar no núcleo bom que existe em cada um. Não preciso pôr "óculos cor-de-rosa" para enfeitar tudo quanto meus colaboradores fazem. Eu vejo a realidade como ela é. Porém, meu olhar mergulha por baixo da superfície, e eu acredito no núcleo bom que existe em cada um.*

*Certa vez Albert Görres disse que ninguém faz o mal por gostar do mal, mas sempre porque está desesperado. Quando um colaborador é difícil, ele sempre tem alguma razão para isso. Ele pode, muitas vezes, não estar em paz consigo mesmo, ou então estar sofrendo com problemas familiares. Se eu não o fixar no seu comportamento difícil mas acreditar no bem que existe nele, eu abro-lhe novas possibilidades de conduta.*

*A liderança espiritual se manifesta – como ficou dito – em eu despertar mais vida nas pessoas. Mas também não posso exigir demais da minha liderança. Algumas vezes não conseguirei despertar vida no outro. Pois também existem aqueles que se negam à vida. Nesse caso eu não devo andar cabisbaixo e de má consciência, acusando-me de não possuir capacidade de liderança. Pelo contrário, devo aceitar meus limites. E dentro desses limites a vida pode florescer em mim, e através da minha liderança ser despertada vida nos outros.*

*O evangelista Lucas ainda emprega a palavra* diakonein *em outras passagens de seu evangelho. Essas passagens mostram-nos o que é que ele entende por serviço, e é com elas que iremos nos ocupar a seguir.*

## *8.2.2 Servir com aquilo que tenho*

*Lucas nos refere que algumas mulheres acompanhavam Jesus. A respeito dessas mulheres ele diz que "todas elas serviam Jesus e os discípulos com seus bens" (Lc 8,3). Nessa rápida observação tornam-se manifestas para mim coisas importantes e essenciais para a compreensão da liderança e do serviço. Quando eu sirvo como líder, isto não quer dizer que eu me coloque numa "camisa de força". Não tenho necessidade de mostrar determinadas realizações. Nós devemos servir com aquilo que temos. Para mim isto quer dizer: eu sirvo às pessoas com as capacidades que possuo. Ao pôr minhas capacidades a serviço das pessoas, eu desperto vida nelas.*

*Cada um possui capacidades diferentes. Por conseguinte, não se trata de realizar um ideal que me foi proposto, mas sobretudo de ocupar-me com as capacidades que Deus me deu. Qual o potencial que carrego comigo? Que é que sei fazer melhor? Um sabe escutar bem, outro sabe resolver conflitos e levar as pessoas a um consenso. Um é particularmente bem dotado para criar um bom clima, outro tem seu ponto forte no tomar boas decisões ou em elaborar visões para o futuro.*

*Se entender minha tarefa de liderança como serviço, eu não preciso possuir todas essas capacidades. Basta que eu ponha minhas possibilidades à disposição das pessoas. Isso fará bem a mim e aos outros. E ficarei alegre em servir à empresa e aos colaboradores com aquilo que Deus me deu. O que eu não tenho também não constituirá um obstáculo em minha tarefa de líder. Pelo contrário, irei perguntar quem dos meus colaboradores possui as capacidades que me faltam. Posso então pô-las em ação em benefício da empresa. Isto há de favo-*

*recer os colaboradores e de fazer bem à empresa. E eu mesmo não ficarei me acusando por causa daquilo que não tenho. Pelo contrário, ficarei grato por despertar vida nos outros, descobrindo as capacidades que eles possuem e possibilitando uma boa convivência.*

*As mulheres que seguiam Jesus manifestamente possuíam capacidades diferentes das dos outros discípulos. No Evangelho de Lucas elas destacam-se por perseverarem com Jesus até o fim. E as discípulas se destacaram por entenderem Jesus particularmente bem. Possuíam mais empatia do que os discípulos. Por isso também foram honradas de maneira especial, por serem as primeiras a entender e a anunciar o mistério da ressurreição.*

*Para nossa tarefa de liderança, nós precisamos não apenas de nossa força masculina, mas também de nossa capacidade feminina de empatia e de relacionamento, que nas mulheres é mais desenvolvida do que nos homens. Mulheres e homens devem sempre liderar com os pontos fortes que possuem. Mas toda mulher tem necessidade também do seu lado masculino, e todo homem do seu lado feminino, para que cheguem a ser uma boa liderança.*

## *8.2.3 Servir e ouvir*

*Na história de Marta e Maria, Jesus parece olhar com algum ceticismo a liderança como serviço. Mas o que ele quer, na realidade, é mostrar um aspecto essencial do serviço. Em sua caminhada, Jesus se hospeda em casa das irmãs Marta e Maria. Marta está inteiramente envolvida em servir a Jesus e aos discípulos. Marta, propriamente, representa a dominadora. Ela dirige o funcionamento da casa e providencia para que os hóspedes tenham o que comer e sintam-se bem. É este o seu ponto forte.*

*No entanto, ao que tudo indica ela negligenciou um aspecto importante da liderança. É o que se manifesta na raivosa reação à sua irmã Maria, que simplesmente está sentada aos pés de Jesus e o escuta: "Senhor, não te importa que minha irmã me deixe sozinha no serviço? Dize-lhe que me ajude" (Lc 10,40). Marta nem perguntou pelas necessidades dos hóspedes. E não executa sua tarefa de liderança sem interesse próprio. Ela deseja deixar uma impressão particularmente boa como hospedeira. Sua pergunta agressiva permite-nos concluir que ela tem necessidades reprimidas. Com seu serviço ela deseja chamar a atenção para si. Mas Jesus volta-se para sua irmã Maria, que está sentada aos seus pés e escuta o que ele tem a dizer. Jesus responde ao pedido de Marta: "Marta, Marta, andas muito inquieta e te preocupas com muita coisa, entretanto, uma só coisa é necessária. Maria escolheu a melhor parte, que não lhe será tirada" (Lc 10,41s). Assim Jesus dá razão a Maria, que primeiramente ouviu o que os hóspedes têm a dizer, a mensagem que eles trazem e as necessidades que têm.*

*Eu tenho conhecimento de muitas lideranças que todos os dias estão empenhados pela empresa. Mas são lideranças cegas. Não perguntam o que é bom para a empresa, o que é bom para as pessoas. O que as pessoas desejam? Quais são suas necessidades? Quando não nos interrogamos pelo que mais profundamente move as pessoas, nós passamos ao lado delas. Então nos sentimos como Marta. Ficamos irritados quando nosso trabalho não é considerado da maneira como gostaríamos que fosse. Nessa raiva, nós sentimos ao mesmo tempo que nosso trabalho não é puramente serviço, mas que através dele gostaríamos de nos mostrar. Queremos chamar a atenção sobre nós, para que todos vejam como "servimos" bem aos outros, para que vejam tudo quanto fazemos "pelos outros".*

*Um padre me contou que se empenha acima de suas forças para manter em funcionamento um trabalho pastoral. Mas as pessoas que recorrem a ele são cada vez mais raras. Ao que tudo indica, ele trabalhou como Marta, mas não procurou auscultar as verdadeiras necessidades e anseios das pessoas. Certas empresas se esforçam e lamentam que a conjuntura não é boa, e que por isso seus produtos não têm a saída que seria de desejar. Mas com bastante frequência elas esqueceram a "Maria" em si mesmas. Não quiseram simplesmente ficar sentadas e ouvir as pessoas e suas verdadeiras necessidades.*

*Para nós, o que importa não é sermos apenas Maria, em lugar de Marta. As duas irmãs representam os dois lados que existem em nós. E só quando as duas estão unidas é que nossa liderança passa a ser uma bênção para as pessoas. Muitas lideranças estão esgotadas, porque trabalham com energia excessiva. Mas nunca reservam um tempinho para ouvir quais são as verdadeiras necessidades das pessoas e qual a verdadeira visão a que desejam servir. Sempre precisamos nos interrogar: estamos tratando nossos colaboradores da maneira como no fundo eles desejam ser tratados? Não será que fizemos para nosso uso um conceito rígido de nossos colaboradores? Sabemos realmente o que é que faz bem a eles? Ou apenas imaginamos sabê-lo?*

*Nosso serviço só irá produzir frutos se, como Maria, sempre nós tomarmos tempo para simplesmente ouvir. Devemos ouvir a nós mesmos, se estamos em consonância conosco mesmos e se continuamos tendo alegria em nosso serviço. Se estamos irritados como Marta, é um sinal de que não estamos realmente servindo. Pelo contrário, em nosso serviço se infiltraram outras intenções e desejos. E deveríamos novamente tomar tempo para ouvir os colaboradores, para ouvir os clientes e fornecedores, para ouvir as pessoas da terra. De que é que elas realmente precisam? Que é que faz bem a elas? Que é que elas têm a dizer-nos?*

### *8.2.4 Fazer aquilo que devo*

*Jesus, quando conta parábolas, muitas vezes nos provoca. Muitas parábolas contêm algum ponto que nos deixa com raiva. Mas este ponto questiona nossa imagem de Deus e nossa imagem de nós mesmos. Naquilo que nos provocou raiva nós estamos com uma visão errada de nossa vida.*

*Na parábola do servo inútil Jesus nos mostra onde muitas vezes nós temos uma visão errônea do serviço. Jesus diz: "Quem de vós, tendo um escravo arando o campo ou cuidando do gado, dirá para ele, quando voltar do campo: Vai entrando e senta-te à mesa? Não lhe dirá pelo contrário: Prepara-me o jantar, arruma-te para me servires, enquanto como e bebo; depois comerás e beberás tu? E se o escravo tiver feito tudo que lhe ordenara, fica o senhor por acaso devendo-lhe alguma obrigação? Assim, também vós, quando fizerdes tudo que vos for ordenado, dizei: Somos escravos inúteis. Fizemos apenas o que tínhamos de fazer" (Lc 17,7-10).*

*Já o desnível social existente aqui entre senhor e escravo nos deixa um tanto encolerizados. Porém não é disso que se trata. Jesus simplesmente nos fala a partir do ambiente do seu tempo. O que importa para Jesus é a questão de como entendemos nossa tarefa de liderança. Muitas vezes nós nos esforçamos por servir bem às pessoas, mas no íntimo estamos esperando gratidão e reconhecimento. Muitos que gostariam de liderar espiritualmente julgam ter uma compreensão melhor da liderança do que os seguidores dos modelos de liderança que são hoje atuais. Contra esta tentação de nos colocarmos acima dos outros com a própria visão da liderança, Jesus diz: "Servir significa, simplesmente, fazer o que devo fazer. Não devo deter-me na questão de saber se estou fazendo algo de especial. Servir exige que eu simplesmente faça o que devo a mim mesmo e o que me convém".*

*Eu faço o que é devido ao outro e o que o outro está precisando agora. Sou livre para envolver-me com esta situação concreta neste momento concreto e resolver a tarefa atual – sem ficar refletindo se agora eu estou sendo espiritual de uma maneira particular. Para Jesus, espiritualidade significa fazer o que se deve a Deus. O que eu devo a Deus, isto eu reconheço quando escuto os leves impulsos do meu coração.*

*Transparece aqui uma espiritualidade do dia a dia como foi desenvolvida por São Bento em sua Regra. Para São Bento é muito importante que não tenhamos grandes ideias da comunidade e do amor, mas que esse amor se torne inteiramente concreto: na prontidão para servir à mesa, ou para fazer as coisas que precisam ser feitas na comunidade (cf. Regra de São Bento 35). O monge não precisa fazer-se interessante com sua espiritualidade, ele deve simplesmente se pôr a serviço. Deve fazer cada dia o que nesse dia é exigido dele. Isto não significa que não possamos desenvolver novas ideias.*

*A história de Marta e Maria nos mostrou que também faz parte da liderança o ouvir e o refletir a partir de uma certa distância. Mas aqui Jesus quer chamar nossa atenção para um perigo que muitas vezes eu observei precisamente nas pessoas espirituais. Essas pessoas meditam todos os dias, rezam muito e leem os textos dos místicos. Mas o resultado disto não se manifesta no seu comportamento quotidiano. Pelo contrário, elas recorrem à espiritualidade a fim de fugirem ao dia a dia. E quando, então, se expõem ao dia a dia, gostam de elevar-se acima dos outros, que não são tão espirituais como elas.*

*Jesus, em sua parábola, exige uma atitude diferente. Ele tem por objetivo a liberdade interior, a partir da qual nosso serviço deve ser re-*

*alizado. É o libertar-nos do ego, que também gosta de infiltrar-se no serviço para desvirtuá-lo. Para não sucumbirmos a esse perigo, nós temos necessidade das sóbrias palavras de Jesus: "Somos escravos inúteis. Fizemos apenas o que devíamos fazer".*

## *8.2.5 Liderança como reerguimento*

*O que explicou a seus discípulos com palavras, isto Jesus pôs em prática concretamente no Evangelho de Lucas, na cura da mulher encurvada. Para mim esta cura (cf. Lc 13,10-17) é uma bela imagem da liderança. (Imagens não são instrumentos de liderança que eu possa aprender. As imagens querem penetrar em mim e me pôr em contato com as possibilidades que em mim se escondem. Imagens despertam em mim alguma coisa para a vida, tornando-me então possível uma conduta diferente. Carl Gustav Jung, o terapeuta suíço, fala de imagens arquetípicas, que me põem em contato com meu verdadeiro eu e com o potencial que se encontra disponível em minha alma. É neste sentido que eu desejaria considerar esta imagem de cura, para que ela se impregnasse em nossa conduta de liderança).*

*Lucas fala de uma mulher que há 18 anos vivia encurvada e que não podia mais andar ereta. Isto, para mim, é uma imagem de muitos colaboradores. Estão resignados e desmotivados. Deixam pender a cabeça. Não têm mais alegria no trabalho. Este os oprime; por vezes se sentem também reprimidos. Assim eles se retraem em si mesmos. Demitem-se interiormente, escondem-se por trás de sua demissão interior. Porém estar encurvados sobre si mesmos não lhes faz nenhum bem. A vida torna-se monótona, deixa de ter brilho. As pessoas que andam pelo mundo encurvadas dessa maneira não veem outra coisa senão os pés. Não conseguem mais olhar-se no rosto. Vivem assim troteando. O encurvado logo percebe que seus sentimentos vão se tornando cada vez mais depressivos. A respiração fica ofegante, o estado de espírito "cai na fossa".*

*Jesus vem ao encontro desta mulher assim encurvada e a cura em* **quatro passos**. *Para mim, esses quatro passos são também imagens da liderança como serviço. O* **primeiro passo** *consiste em que Jesus* *encara a mulher encurvada. A palavra "encarar" possui um significado mais profundo. Quando eu encaro alguém, eu lhe proporciono presença e valor. No* **segundo passo**, *Jesus dirige-se à mulher. A palavra grega* prosphonein *significa falar à altura dos olhos. Jesus não quer convencer a mulher. Não lhe diz o que ela deve fazer. Pelo contrário, fala com ela de tal forma que a conversa vai e vem, e que no diálogo ela sente-se respeitada. O* **terceiro passo** *consiste em que Jesus lhe diz alguma coisa positiva: "Mulher, estás curada de tua enfermidade". Para o diálogo com os colaboradores se poderia traduzir assim: "Alegro-me que você esteja conosco. Você possui um bom sentido para as pessoas. Você tem uma irradiação que faz bem, difunde em torno de si uma boa atmosfera. Você sabe tratar os colaboradores e os clientes. Você é uma bênção para a firma. Alegro-me por você colaborar conosco". O* **quarto passo** *consiste em Jesus impor as mãos à mulher. Talvez não possamos entender isto ao pé da letra. Quando tocamos o outro com nossas mãos sem que ele o queira, isto poderia ser interpretado como intromissão. Mas podemos tocar o outro por nossas palavras, ou por um encontro. Ao sentir-se tocado desta maneira, ele entra em contato consigo mesmo e com suas possibilidades. No relato da cura, a reação da mulher é: "Imediatamente ela se endireitou e glorificou a Deus" (Lc 13,13).*

*Esta história da mulher encurvada que depois se endireitou é para mim uma bela imagem da liderança bem-sucedida. Nós somos uma boa liderança quando os colaboradores, após uma conversa ou um contato conosco, voltam para casa de cabeça mais erguida. Quando interiorizamos os quatro passos da imagem, nós demonstramos uma irradiação tal que as pessoas que se encontram em nossa proximidade sentem-se erguidas. Cada um de nós já teve certamente com algum colaborador uma conversa da qual ele saiu mais erguido. Talvez tenha dito para si próprio: "Agora, pela primeira vez, eu me sinto compreendido". Ou: "Agora caiu-me um peso do coração". Se puder dizer isso, ele sairá de nossa presença um outro, diferente do que chegou.*

*Quando as pessoas saem de nossa presença mais erguidas, nós não demos apenas uma contribuição substancial para melhorar o clima em nossa empresa. Nós não apenas marcamos a cultura da empresa, mas influenciamos também o clima da sociedade. Pois quando os colaboradores vão para casa mais erguidos, lá eles não têm necessidade de oprimir sua família nem de diminuir as pessoas que fazem parte do seu contexto. Pelo contrário, poderão erguer também outras pessoas. A cultura da convivência, criada pelo serviço em nossa empresa, deixa suas marcas também na cultura da sociedade. Por isso, todo aquele que interioriza a história da mulher encurvada dá uma contribuição essencial para a humanização da sociedade. O clima na economia marca também o clima na sociedade. Quanto mais áspera for a economia, tanto mais áspero há de ser também o tom na sociedade. Liderar pelo reerguer não é apenas um método de melhorar os resultados na empresa, é ao mesmo tempo uma maneira de tornar nossa sociedade mais humana, mais livre e mais cuidadosa.*

## 8.3 O primeiro seja o servo de todos

Como podemos ler nos Evangelhos, as exigências de Jesus àqueles que lideram são exigências radicais. Para Jesus trata-se da disposição interior para liderar e de uma atitude de humildade em relação aos liderados:

- Em Mateus se diz: "Aquele que desejar ser o primeiro, seja vosso escravo" (Mt 20,27).
- Marcos formula assim: "Se alguém quiser ser o primeiro, que seja o último e o servo de todos" (Mc 9,35).
- Em Lucas se diz: "O maior seja como o menor, e quem manda como quem serve" (Lc 22,26).

Daquele que quiser ser o primeiro, Jesus exige que seja o "servo de todos". Isto significa que quanto mais elevada a posição de alguém na hierarquia, tanto maior é o número daqueles cujo bem ele precisa levar em consideração. O olhar para o "todo" vai além da própria equipe, da própria empresa. Tal olhar, que só é possível espiritualmente, exclui a própria vantagem à custa dos outros.

Isto possui uma correspondência na conhecida mentalidade do *stakeholder-value:* as decisões são tomadas de modo a serem de proveito a todos os envolvidos (*stakeholder*). A exigência de Jesus à liderança é, assim, uma clara negação da mentalidade hoje dominante do *shareholder-value*, o valor acionário, cujo objetivo é aumentar o valor da ação da empresa. Dirigir, para Jesus, é um serviço às pessoas. Isto não exclui a criação de valor material, mas ela adquire uma função de serviço. É colocada em uma moldura mais elevada. A medida última são as pessoas.

Com suas palavras no Evangelho de Lucas, Jesus de certo está condenando o comportamento egoísta dos poderosos, que certamente já existia na Antiguidade. Símbolos de *status*, autoapresentação narcisista, dominação sobre os outros, uso de meios repressivos de poder – a tudo isso deve renunciar aquele que deseja comandar. A virtude que corresponde a esta atitude é a humildade, que com frequência é interpretada como "coragem para servir".

O aspecto de servir a todos é um desafio espiritual. Servir a todos pressupõe que eu tenho todos em vista – uma exigência que não pode ser satisfeita com o entendimento humano nem com os nossos sentidos. Um tal olhar para todos – ou o olhar para o todo – só é possível quando existe o sentimento de ligação com todos. Este – como ensinam as tradições espirituais – surge no silêncio, no ouvir ou escutar a voz que vem de dentro. O que se deve fazer em vista do todo é o meu coração que diz – ou a voz de Deus, se eu houver aprendido a ouvi-la.

Quando "tomamos a peito" alguma coisa, nós estamos agindo a partir do amor. A união com o todo, assim como foi experimentada pelos místicos, também nos leva à experiência de que o bem do outro sempre é também o meu próprio bem, e o sofrer do outro também o meu próprio sofrer.

O mandamento cristão do amor ao próximo é muitas vezes interpretado de uma maneira unilateral, como autoimolação. Também as exigências de Jesus aos que mandam, que sejam servos e escravos, realçam a renúncia às próprias necessidades, No dia a dia, no entanto, se torna manifesto que as pessoas procedem com os outros exatamente como procedem consigo mesmas. Quem nada concede a si mesmo, nada concede aos outros; quem se odeia, também odeia os outros.

A resposta de Jesus à pergunta pelo mandamento mais importante nos dá uma orientação. Ele menciona o amor a Deus, e acrescenta: "Mas o segundo é tão importante quanto este: amarás o próximo como a ti mesmo" (Mt 22,39). A medida do meu amor a mim mesmo é a medida do meu amor ao próximo, já que só posso amar o outro como amo a mim mesmo. Ninguém pode dar mais do que possui. Quanto mais eu me amo, respeito e aceito, tanto mais posso também tratar o outro com estas mesmas atitudes. A grandeza do amor a mim mesmo se manifesta na medida em que aceito minhas falhas e fraquezas. Quando reprimo ou nego alguma coisa, eu estou reduzindo o amor a mim mesmo.

São precisamente as pessoas das profissões sociais que tendem a autoimolar-se. Isto não é nem prudente nem espiritual. No fim, muitas vezes essas pessoas apenas ficam amarguradas. Por trás da autoimolação se encontra, por via de regra, uma secreta esperança, um desejo reprimido ou inconfessado de ser amado ou reconhecido pelos outros por causa de tal excessivo envolvimento.

A autoentrega, considerada ideal por Jesus, é a última etapa do desenvolvimento espiritual. Não é controlada pela vontade, mas é a consequência natural da entrega a uma tarefa em que alguém, no seu caminho espiritual, transcende cada vez mais seu pequeno eu. Jesus não diz que devemos reprimir nossas necessidades, mas sim que as podemos superar e relativizar, porque no caminho para o reino de Deus nós encontramos algo maior.

As pessoas podem facilmente renunciar a alguma coisa quando com isso ganham algo melhor e mais belo. É precisamente isto que constitui a espiritualidade. As experiências no caminho espiritual superam de longe tudo quanto o poder, a fama ou a riqueza podem dar ao homem. Assim como a vitória na competição leva o esportista a esquecer todos os esforços e sacrifícios, assim também as pessoas que se encontram em um caminho espiritual experimentam um enriquecimento sempre maior, que leva os aspectos materiais e egoístas a permanecerem sempre mais em segundo plano. É o que Jesus expressa nas célebres palavras do Sermão da Montanha: "Buscai em primeiro lugar o reino de Deus e sua justiça e todas estas coisas vos serão dadas de quebra" (Mt 6,33).

## 8.4 As pessoas estão em busca de sentido

A liderança acontece na tensão entre as necessidades econômicas da empresa e a orientação para a pessoa humana. Muitas vezes uma visão míope acentua o lado comercial objetivo, o que se evidencia, por exemplo, pelo papel central desempenhado pelo controle em muitas empresas. Numerosos estudos, no entanto, mostram que a exigência de Jesus, de servir às pessoas, produz frutos também financeiramente. A longo prazo, as empresas de orientação ética pertencem ao número das empresas bem-sucedidas. Na luta por colaboradores qualificados, levam vantagem as empresas que podem oferecer melhores condições. Entre os candidatos, quase sempre os desejos de promoção pessoal e de um bom clima social na empresa vêm antes do valor do salário.

Um exemplo interessante de como os pretendentes se orientam é a clínica fundada pelo médico americano Patch Adams [*www.patchadams.org*]. Quem não tem dinheiro, é tratado nela de graça. A clínica é financiada por doações e pela colaboração dos parentes e dos próprios pacientes em convalescença. Assim Patch Adams relatou em um congresso a respeito de um paciente insatisfeito, depressivo e que vivia constantemente reclamando, a quem por 48 horas ele mandou cuidar de um paraplégico. Passado esse período, o reclamador estava curado. Esta clínica paga indistintamente a cada colaborador 3000 dólares anuais, fornecendo alimentação e alojamento, e 70 a 80 horas semanais de trabalho. Para cada vaga concorrem cerca de 300 candidatos. O conceito da clínica, ao que tudo indica, é tão atraente que as pessoas de bom grado aceitam desvantagens materiais e outras.

As lideranças têm dupla tarefa: se desenvolverem e desenvolverem os colaboradores. Não faz bem a ninguém quando os superiores, numa falsa consciência de responsabilidade, se esgotam pelos outros. Por isso o cuidado com a própria estabilidade psíquica e corporal não pode ficar atrás do cuidado pelo bem dos colaboradores. Se eu vou bem, eu também posso cuidar bem dos outros.

Com tão elevadas exigências às lideranças, surge com naturalidade a pergunta pelas fontes de onde tal força e orientação pode surgir. Rendimento e doação, por sua vez, têm necessidade de colher e haurir de boas fontes. Neste sentido, o desenvolvimento espiritual significa não apenas estar ligado ao todo maior, mas também estar essencialmente voltado para as fontes e as raízes. Só uma boa ligação com as próprias raízes biológicas, geográfico-sociais e espirituais é que fornece consistência interior e força para bem resistir no dia a dia.

O número assustador e crescente de enfermidades psicossomáticas, que vão desde o infarto até à síndrome da exaustão (*burnout-syndroen*), evidencia as necessidades psíquicas de muitas pessoas, que se desgastam entre as dificuldades objetivas e as necessidades psíquicas insatisfeitas. A tarefa de cuidar bem das necessidades psíquicas e espirituais em si próprio e nas pessoas confiadas aos seus cuidados parece hoje mais urgente do que nunca.

Viktor Frankl, psicoterapeuta vienense e fundador da logoterapia, que sobreviveu a vários campos de concentração, considera a busca do sentido como a tarefa central do ser humano. Ele fala da "vontade do homem para o sentido". O próprio Frankl sobreviveu ao nazismo porque jamais abandonou a busca do sentido. A busca do sentido é também um elemento central da espiritualidade dos povos primitivos. Os primeiros habitantes da América, por exemplo, ocupam-se com a busca de sua vocação e da tarefa de sua vida. Este é um acontecimento religioso importante, associado a cerimônias de purificação, jejuns, busca da solidão e outros rituais.

Quando os líderes enxergam um sentido profundo em sua própria vida, quando experimentam a empresa toda como possuindo valor e criando sentido, é possível que esta centelha salte para os colaboradores. A célebre palavra de Jesus "Nem só de pão vive o homem, mas de toda palavra que sai da boca de Deus" (Mt 4,4) pode ser aplicada ao dia a dia da profissão. Apenas o salário, como resultado material único e exclusivo, não é suficiente para que nos sintamos satisfeitos e realizados. Para nosso agir, nós temos necessidade de uma dimensão espiritual e religiosa. Uma empresa só será permanentemente bem-sucedida quando oferecer aos colaboradores e envolvidos mais do que um proveito material.

De onde vem o engajamento honorário de tantos colaboradores em organizações como Médicos sem Fronteiras ou Anistia Internacional? As pessoas são capazes de dar muito de si quando percebem que nisto existe um sentido, quando consideram seu próprio agir como possuindo valor. Transmitir sentido e valores é, assim, a primeira tarefa da liderança.

### TEXTO DE APROFUNDAMENTO
## Cultura e "clima espiritual" da empresa

*O "clima" de uma empresa – inconscientemente percebido pelos colaboradores e clientes – é marcado por uma cultura espiritual que se manifesta na empresa. E vice-versa, a não existência de uma "cultura espiritual" leva a empresa a um mau "clima". A cultura da convivência que marca e "irradia" positivamente uma empresa não é dada gratuitamente, sempre é necessário que estejamos empenhados nela. Cabe aqui aos líderes uma tarefa toda especial. É o que mais uma vez se pode ver dirigindo um olhar para São Bento.*

O primeiro objetivo da liderança é que se crie um clima confiável e aberto. São Bento fala das *horis conpetentibus*, do tempo adequado em que se deve dar e exigir. "Competir" significa, propriamente, procurar alguma coisa em conjunto, juntar-se, ser conveniente e adequado". O objetivo da liderança é que os colaboradores procurem, juntos, alcançar um objetivo, que não se empenhe cada um por si mas que surja uma convivência comum. Esta convivência não deve ficar restrita às pessoas, mas deve voltar-se também para a relação entre o homem e o tempo, em última análise para a relação entre o homem e a criação. Homem e tempo devem unir-se, devem corresponder-se mutuamente. Quando alguém faz tudo no devido tempo, isto lhe faz bem. O tempo devido, em que se recebe aquilo de que se necessita e em que se pode exigir o que é necessário, cria na empresa um clima tranquilo e aberto. Quando tudo acontece no devido tempo, a pessoa sente-se levada a sério. Quando tudo tem sua ordem, a própria pessoa se organiza interiormente.

Para os gregos, as Horas são deusas que acompanham o ano e que lhe dão fertilidade. Para Hesíodo, as três Horas, filhas de Zeus, são "Regularidade, Direito e Paz". São Bento ainda se encontra dentro da tradição da cultura grega, para a qual a hora certa não era uma questão unicamente de pontualidade e disciplina. A cultura grega, pelo contrário, ainda possuía um sentido para o mistério do tempo, que organiza o homem interiormente, transmitindo-lhe o ritmo certo. E só quando o homem corresponde ao seu ritmo interior (hoje se fala em biorritmo) é que ele pode produzir fruto permanentemente. O homem não pode contrariar sua natureza, nem seu próprio ritmo. Do contrário ele se anula. O tempo e o homem precisam unir-se, para que a longo prazo se torne possível um trabalho sensato e eficiente. Quando a pessoa tem que trabalhar unicamente pelo relógio do ponto, reprimindo seu relógio interior, logo se esgota. Isto foi redescoberto hoje por muitas empresas que introduziram um tempo de trabalho "movediço". [...]

O verdadeiro objetivo da direção é dado por São Bento, quando diz que "na casa de Deus ninguém fique perturbado ou triste – *ut nemo perturbetur neque contristetur in domo Dei*". Este é um objetivo bem diferente da maximização do lucro. Para São Bento trata-se, por um lado, da pessoa humana e de sua salvação, de sua saúde e bem-estar, e por outro lado, de Deus. A direção deve possibilitar que nenhum dos colaboradores seja levado à confusão ou à falta de calma, que seja ferido ou perturbado (= *perturbetur*). O que a direção deve provocar não é a azáfama nem a febre, mas sim a paz e a clareza, a tranquilidade e o prazer no trabalho. Quem nos outros provoca pressa e aperreio, os ofende e os odeia. O celeireiro não deve odiar os irmãos, e sim amá-los. A manifestação desse amor é que não lhes provoque aperreio, mas lhes proporcione um clima de trabalho tranquilo e agradável, em que possam trabalhar de boa vontade, com calma e atenção interior. Em muitas empresas a clareza é substituída por uma atividade febril. Toda semana são anunciadas novas medidas, e depois de poucos anos tudo é reestruturado. Afinal de contas deseja-se estar à frente dos novos movimentos. Mas muitas vezes essa atividade apenas oculta o fato de se ter perdido o objetivo de vista. Isto já foi percebido por Mark Twain, quando escreveu: "Depois de perderem de vista o objetivo, duplicaram seus esforços". Os monges sempre devem ter claramente seu objetivo diante dos olhos. Assim poderão trabalhar com coerência e calma interior.

A direção não deve entristecer nem ofender ninguém, não deve levar ninguém à tristeza. A tristeza não faria outra coisa senão paralisar os colaboradores. Em muitas empresas tem-se a impressão de que por trás da atividade se encontra uma profunda tristeza, impedindo que transpareça a mínima alegria no trabalho. Quando se encara esta tristeza, percebe-se que quase sempre ela é provocada pelo desprezo ao indivíduo. Quando as pessoas são sempre ofendidas, não podendo defender-se contra as ofensas, reagem se retraindo para a tristeza e a depressão. A reação normal às ofensas e incompreensões por parte dos responsáveis é que nos vingamos trabalhando um contra o outro. Todos se opõem a todos. Porém, a respeito disso ninguém fala. As feridas não são vistas e elaboradas, mas simplesmente são passadas adiante. Mas isto estraga o clima da empresa. Em muitas delas logo se sente a atmosfera reinante. Quando se entra pela porta do escritório, sente-se literalmente a atmosfera. Em muitas a atmosfera estimula, em outras, oprime. Tem-se de imediato uma sensação insossa no estômago. Nessas empresas uma profunda tristeza paralisa os colaboradores. E a casa se caracteriza por sentimento de vazio e falta de sentido.

Para São Bento é muito importante que ninguém se sinta ofendido desnecessariamente, por esse motivo, cair na tristeza. Pelo contrário, o celeireiro deve criar um clima de paz e de alegria interior. Mas isto ele não poderá fazer por meio de senhas de animação nem de palavras de ordem, como era comum no Terceiro Reich: "Força através da alegria", etc. O celeireiro só poderá transmitir verdadeiro prazer no trabalho quando no encontro e na maneira de dirigir ele transmite respeito aos colaboradores, quando ele próprio não se deixa paralisar pelos problemas mas resolve os conflitos a partir da tranquilidade interior e da confiança.

GRÜN, A. *Menschen führen - Leben wecken* – Anregungen aus der Regel Benedikts von Nursia. 7. ed. Münsterschwarzach: Vier-Türme-Verlag, 2004, p. 127-130.

# 9
# Os caminhos do espírito

*Seja escolhido para Celeireiro do mosteiro, dentre os membros da comunidade, um irmão sábio, maduro de caráter, sóbrio, que não coma muito, não seja orgulhoso, nem turbulento, nem injuriador, nem tardo, nem pródigo, mas temente a Deus, que seja como um pai para toda a comunidade.*
Regra de São Bento 31,1-2

*Não se poderá dizer: Está aqui, ou está ali, porque o reino de Deus está no meio de vós.*
Lc 17,21

Quando a incerteza atinge o exterior, passa a ser cada vez mais importante o caminho para o interior. A perda da orientação externa – por exemplo, quando o emprego deixa de ser seguro, ou mesmo quando é perdido, quando a parceria torna-se difícil, quando as mudanças em torno de nós ocorrem cada vez mais rápidas – leva necessariamente a perguntas como estas: O que ainda me mantém de pé? O que me aponta o caminho certo? Perguntas como estas remetem o ser humano de volta às suas raízes religiosas, ou a novas ofertas de salvação, como as oferecidas pelas seitas ou pelos grupos esotéricos. Para quem realmente está à procura, trata-se aqui de fontes que em todas as "borrascas" nos fornecem interiormente apoio e segurança. Isto as construções intelectuais não conseguem realizar.

O acesso à espiritualidade está ligado a exercícios que levam a um estado de concentração que exerce influência direta sobre a estrutura da personalidade. Os seminários que aproveitam essa oportunidade são cada vez mais frequentes, oferecendo cursos como "Meditação para administradores" ou "A força do silêncio".

Quem quiser se envolver realmente com um caminho espiritual, para ele um bom mestre de contemplação ou um mestre zen constitui uma excelente ajuda. Tendo consciência disso, nós trilhamos um novo terreno espiritual, onde a presença de um mestre pode preservar-nos de falhas ou de erros. Para enfrentar e superar as primeiras dificuldades, é útil exercitar-nos em um grupo com um orientador. A comunidade que conta com uma estrutura firme é um elemento de sustentação para os novatos.

## 9.1 Meditação

A meditação é um conceito genérico para exercitar e concentrar a consciência de quem a pratica, e que, conforme a tradição, pode receber o nome de "iluminação", de "despertar" ou de "libertação". Tais exercícios são encontrados em todas as grandes religiões. Podem ser chamados de "contemplação", "zen", "vipassana", "ioga espiritual". São entendidos como caminho de vida – como um caminho que não tem fim, e cuja meta é o próprio caminho. O caminhante é recompensado com um desenvolvimento cada vez mais profundo da personalidade.

Meditação, no sentido estrito, é um tranquilo ficar sentado em silêncio (com o corpo em atitude ereta e com um tranquilo controle dos pensamentos). Usa os exercícios correspondentes à respectiva tradição e à experiência de quem a pratica. Em nossa situação histórica, a meditação comprova-se como uma estrada real, como um caminho que leva à espiritualidade, como via de purificação e fonte de força e orientação.

Nas vias espirituais das diferentes tradições, os exercícios se parecem uns com os outros. O meditante se concentra sobre a respiração, sobre uma palavra, um mantra ou um símbolo. Aos poucos os pensamentos "que vagueiam" entram em repouso. Esta condição – que no Oriente é chamada de *samadhi* – leva do estado de inconsciência e distração a uma condição de "cura". O exercício clareia e tranquiliza o espírito – assim como a água turva se clareia quando permanece em repouso, sem ser mexida.

Santa Teresa de Ávila distingue três formas de oração:

• **Oração:** a oração formulada em palavras.

• **Meditação:** a oração como aprofundamento e consideração de um conteúdo de meditação, por exemplo de uma passagem bíblica ou de uma frase antológica.

• **Contemplação:** o ficar em silêncio na presença de Deus, livre de todos os pensamentos.

Os padres do deserto conheciam também a **ruminação** de frases ou passagens bíblicas. No trabalho, e durante o dia todo, as mesmas palavras eram constantemente repetidas. Exercícios semelhantes são conhecidos também nas outras tradições, como, por exemplo a oração mântrica, em que uma palavra ou frase é constantemente repetida. No catolicismo se conhece a oração do rosário, uma forma clássica de oração mântrica (Sobre a oração mântrica, pode ser encontrado mais em 9.2.).

Na meditação, o agir é substituído pelo deixar e pelo permitir. O ruído, inclusive o ruído dos nossos pensamentos, aos poucos vai se transformando em silêncio. O exercício e a experiência da meditação é um necessário pólo em oposição à "atividade no mundo". A orientação unilateral de nossa cultura para o fazer e o configurar – para a "ação" – é completada pela "contemplação", pelo parar e o refletir.

As experiências na via espiritual não podem "ser feitas", elas acontecem a quem as pratica, quando se encontra preparado. O conto "Joãozinho feliz da vida" [*Hans im Glück*, título de um conto dos Irmãos Grimm] descreve esse caminho espiritual. "Joãozinho feliz da vida" sempre de novo passa pela experiência de ter que desistir de uma solução cômoda: o ouro pesa-lhe sobre os ombros, o cavalo o derruba, a vaca em lugar de leite lhe dá um coice... Sempre acontece diferente do que havia sido planejado. São estas as experiências características da via espiritual. Joãozinho está aberto para essas experiências. A felicidade que ele experimenta é a "experiência da iluminação". Com sentimentos de profunda felicidade ele deixa de lado seus velhos conceitos e ideias e experimenta a libertação.

Hoje em dia existem muitas pesquisas a respeito dos efeitos positivos da meditação e da contemplação. Com as modernas técnicas da medicina, hoje é possível serem medidos os efeitos da meditação sobre o corpo e sobre a psique. Os estudos sobre os meditantes de diferentes tradições mostram um índice substancialmente menor de contágios, uma saúde mais estável, uma melhor elaboração das cargas psíquicas etc.

No zen costuma-se dizer a este respeito: “Que adianta contar o tesouro de outro!” No zen e na contemplação, cada um começa a percorrer ele próprio o longo caminho dos pequenos passos. Quando nós permanecemos em silêncio e percebemos as ideias e sensações, sem as julgar, estamos diante de um envolvimento neutro com aquilo que nos ocorre. Com isto o potencial espiritual presente em cada pessoa pode desenvolver-se cada vez mais, e com ele toda a personalidade.

## 9.2 Os caminhos da espiritualidade cristã

*Na tradição cristã existem muitos caminhos espirituais, todos eles com o mesmo objetivo: deixar-se penetrar cada vez mais pelo espírito de Jesus Cristo. Todo caminho espiritual, passando pelo sincero encontro consigo mesmo, leva ao encontro com Deus. E em todos os caminhos, é da purificação interior que se trata. Na tradição mística distinguem-se três estágios diferentes deste caminho:*

- **Via purgativa***: o caminho da purificação.*
- **Via iluminativa***: o caminho da iluminação.*
- **Via unitiva***: o caminho da união.*

*Um importante caminho espiritual é o caminho litúrgico e sacramental. Pelos sacramentos nós somos introduzidos no caminho de Jesus e plenificados com sua vida divina, para através dele estarmos unidos: conosco mesmos, com nossos semelhantes e com Deus. As festas do ano eclesiástico confrontam os vários setores de nossa vida com o destino de Jesus Cristo. E assim nossa vida vai sendo cada vez mais transformada à luz do caminho de Jesus. Por isso o fundador da Psicologia Analítica, Carl Gustav Jung, considera o ano eclesiástico como um sistema terapêutico que sempre, ano após ano, penetra nossa consciência e nosso subconsciente com a força salvífica de Cristo.*

*Muitas religiões possuem textos sagrados. O texto sagrado dos cristãos é a Bíblia. A leitura de passagens bíblicas e a meditação de textos bíblicos não apenas nos leva ao encontro com Deus, mas nos revela também nossas próprias possibilidades. Entender o texto da Bíblia sempre equivale também a compreender melhor a si próprio. Por isso muitos cristãos começam o dia com o "sorteio" de um breve texto bíblico, que carregam consigo para o correr do dia e que os acompanha em todas as ocorrências e experiências desse dia. A palavra da Bíblia é como "luz no caminho". Ela permite que eu veja numa luz diferente a minha vida, meu trabalho e meus semelhantes.*

*Outro caminho é o da piedade popular. Aqui existem as romarias e a veneração dos santos em lugares sagrados bem determinados, onde participamos da força salvífica desses lugares. E existe o caminho da oração quotidiana, que pode também perfeitamente possuir traços místicos. Existe o caminho das jaculatórias, que pronunciamos em todas as ações possíveis a fim de implorar a bênção de Deus para uma obra concreta. E existe o caminho da vida na presença de Deus, que hoje recebe o nome mais moderno de Caminho da Atenção.*

*Todo caminho espiritual passa pela experiência. Por isso esses caminhos são semelhantes nas diversas religiões. E ao mesmo tempo nós podemos aprender dos caminhos espirituais das outras religiões. Eles muitas vezes nos mostram alguma coisa que ficou esquecida, ou que foi posta de lado em nosso próprio caminho. Importante é que não julguemos os caminhos espirituais. Frequentes vezes nós corremos o risco de com nosso próprio caminho nos colocarmos acima dos outros, de rebaixá-los. O que importa é o que determinado caminho provoca naquele que o segue – e isto é diferente para cada pessoa.*

*No cristianismo, o caminho da contemplação existe desde o segundo século. Não foi inventado pelos primeiros padres da Igreja. Eles, pelo contrário, encontraram-no nas escolas filosóficas dos gregos, nos círculos sacerdotais do Egito e nos movimentos gnósticos, batizaram-no cristamente e o associaram a novos conteúdos. Na contemplação, trata-se de contemplar Deus em si mesmo. Eu não vejo, na contemplação, uma coisa determinada. Contemplo, pelo contrário, o meu próprio fundamento... e de repente o fundamento de todo o ser passa a ser claro para mim. Os primeiros cristãos falavam da luz interior que descobrimos em nós. Nesta luz interior brilha em nós a glória de Deus.*

*O caminho da contemplação passa pela oração mântrica, que é praticada em todas as religiões. A respiração é associada a uma palavra que prende o meu espírito e que deverá levá-lo para os abismos de Deus. No cristianismo, a respiração é associada à assim chamada oração de Jesus. Ao se inspirar, se diz: "Senhor Jesus Cristo", e ao expirar: "Filho de Deus, tem piedade de mim!" Pode-se também acomodar a palavra ao próprio ritmo da respiração. Alguns, ao inspirar, dizem apenas: "Jesus Cristo", e ao expirar: "Tem piedade de mim". Outros se satisfazem apenas com o nome "Jesus", associado ao expirar. Em todo respirar deixa-se a misericórdia e a salvação do amor de Cristo penetrar em todos os recantos do próprio corpo e da própria alma. Isto é chamado também de oração do coração. Ao inspirar, se imagina que o espírito de Jesus penetra no coração e o enche de calor e de misericórdia. E que, ao expirar, o amor se difunde então para todos os recantos do meu inconsciente, me transformando no mais profundo de mim. Posso pronunciar a oração de Jesus nas muitas ideias e sentimentos que sempre surgem. Então essas ideias se transformam. Quando, por exemplo, eu tiver ficado com raiva de um colaborador, eu me sento e digo para dentro da minha raiva – em silêncio, naturalmente! – a oração de Jesus. Nem preciso expulsar a raiva. A meditação a transforma. E de repente eu passo a tratar-me com mais compreensão e volto a abrir-me para o colaborador. A outra forma da meditação consiste em nem dar atenção às ideias. Elas são como ondas, que continuam indo e vindo sem descanso. Mas eu ligo minha atenção à palavra. Então a palavra se transforma em guia para o meu espaço interior do silêncio. Este espaço de silêncio no fundo de minha alma está cheio de misericórdia e de amor. Nele eu encontro repouso.*

*Na tradição cristã também são representadas outras palavras ligadas à respiração – como por exemplo "Maranatha" – "Vem, Senhor Jesus!" – "Aleluia" – "Louvai a Deus!" – ou "Amém" – "Assim seja!" Ao longo dos séculos sempre se recomendou percorrer esse caminho. No século IV Cassiano descreve a assim chamada oração contínua, que emprega esse método. No século XIII é propagado pelos monges do Athos o assim chamado "caminho hesicástico" (caminho da tranquilidade). No século XIV aparece na Inglaterra o livro "A Nuvem do*

*Não Saber", oferecendo esta oração como caminho para a experiência de Deus e a união com Deus. No último século este antigo caminho cristão voltou a ser descoberto na Igreja, no diálogo com a meditação zen, e a ser praticado por muitos cristãos.*

*Na oração mântrica não se trata de refletir sobre as palavras, mas sim de nos deixarmos levar pelas palavras para o silêncio sem palavras, onde Deus habita em nós. E onde Deus habita em nós, as preocupações e angústias, os problemas e conflitos de nosso trabalho não têm acesso. E também não têm acesso as pessoas que nos apresentam suas expectativas e exigências. Nesse espaço íntimo do silêncio ninguém consegue ferir-nos. Este espaço está fechado também para os autojulgamentos e as autocondenações. Nele nós encontramos paz e tranquilidade. Dessa forma, este caminho é apropriado às lideranças, para, em meio ao "torvelinho" do trabalho, sempre redescobrirem o espaço interior do silêncio, onde todos estamos livres, em permanente e plena harmonia conosco mesmos e com Deus.*

## 9.3 Zen

O zen tradicional é uma forma muito ascética de meditação, originária do budismo, que encontra cada vez mais adeptos no Ocidente. Sobretudo após o Concílio Vaticano II, religiosos e outros interessados foram para o Japão aprender com os mestres zen, após muitos anos de exercícios obtendo a autorização para ensinar. Diferentemente da contemplação, no zen as autorizações e nomeações para ensinar são controladas pelo roshi (mestre), de acordo com regras muito rígidas. Cada roshi está na sucessão direta de Buda.

O fascínio exercido pelo zen sobre as pessoas é por um lado o fascínio geral do Extremo Oriente, mas por outro também simplesmente o "sentido para o belo e para o que não possui sentido, que a um só tempo amarga e alegra", como escreve Alan Watts, um conhecido praticante ocidental do zen. O zen marcou profundamente a cultura japonesa, e antes dela a chinesa. Deixou seus vestígios no *ikebana* – a arte do buquê –, no *kyodo* – a arte do tiro ao alvo –, no *haikus* – uma célebre forma de poesia que expressa o espírito zen da não dualidade –, nas caligrafias, na cerimônia do chá, na arquitetura e nos jardins zen.

A história do zen começa com o Buda histórico, Shakyamuni Gautama, no século VI antes de Cristo, na Índia. De lá, com o legendário monge indiano Bodhidharma, o zen chega 520 d.C. à China. Cerca de 500 anos mais tarde o zen encontra o caminho para a Coreia, o Vietnã e o Japão. No Japão surgem as grandes escolas zen rinzai e soto, até hoje importantes. O zen rinzai é conhecido pelo "exercício koan", um episódio ou formulação paradoxal, sobre a qual o praticante se concentra até ocorrer o salto espiritual para outro plano da consciência.

A escola soto é caracterizada pelo exercício do "zazen" – o ficar sentado em silêncio, que aos poucos levaria à iluminação. Mas o exercício do ficar sentado, tradicional na atitude ioga do lótus, é praticado em todas as tradições zen. É semelhante aos exercícios da contemplação. Apesar de o zen ser proveniente da tradição budista, seus exercícios e objetivos ultrapassam os limites das religiões e confissões. O intelecto que tudo avalia, tudo interpreta e tudo organiza em conceitos deve, pelo exercício, chegar ao repouso. No cristianismo é possível que se trate também deste repouso – inclusive nos pensamentos –, pelo qual ansiamos e que nos traz a paz interior.

Também pode ser entendida neste sentido a frase das bem-aventuranças no Sermão da Montanha: "Ele disse: Felizes os que são pobres em Deus; pois deles é o reino dos céus" (Mt 5,3). Literalmente, a passagem é traduzida por: "Felizes os que são pobres no espírito". Mestre Eckhart, um dos mais conhecidos místicos cristãos, explica melhor essa pobreza: "Pobre é apenas aquele que nada quer e nada deseja". Tanto o zen quanto a contemplação levam exatamente a esta pobreza no espírito. A razão entra em repouso, cessa o pensar e o desejar. Quando isto ocorre, nós podemos conhecer as coisas como elas realmente são. Então nós nos encontramos no aqui e agora. É este o objetivo dos diversos exercícios de meditação.

O reino de Deus – conceito central na doutrina de Jesus de Nazaré – com o qual sempre ele se ocupa nas parábolas, nós o encontramos precisamente neste aqui e agora. Assim se diz em Marcos: "Completaram-se os tempos, está próximo o reino de Deus" (Mc 1,15). Ou com mais clareza ainda em Lucas: "Também não se poderá dizer: 'Está aqui' ou 'está ali', porque o reino de Deus [já] está no meio de vós" (Lc 17,21). O mestre zen vietnamita Thich Nath Hanh identifica o reino de Deus, que no Sermão da Montanha é prometido aos "pobres no espírito", com a "Terra Pura" de Buda. Ele diz que a meta é o aqui e agora. É para aí que toda prática espiritual deseja levar-nos.

## 9.4 Outras tradições

Ioga – a forma de meditação do hinduísmo, com uma longa tradição na Índia – tornou-se conhecida entre nós pelas *ásanas* – atitudes corporais – e *pranayamas* – exercícios de respiração. Esses exercícios servem de preparação e de apoio para as formas espirituais da ioga, que trabalham com técnicas de meditação semelhantes ao zen e à contemplação.

Enquanto o zen não está de nenhuma maneira ligado à ideia de Deus – nem a rejeita nem a exige –, o objetivo declarado da ioga é levar as pessoas ao conhecimento de Deus. Para isto a ioga desenvolveu um grande número de exercícios e sistemas, e produziu um grande número de mestres célebres – os chamados gurus.

Nos últimos séculos o cristianismo enfatizou de forma exagerada a teologia como um edifício intelectual, negligenciando a tradição mística – que corresponde ao zen e à ioga, e que nos primeiros séculos, e também mais tarde, teve uma forte presença na Alta Idade Média (a mística alemã) e no século XVI (a mística espanhola). O título de "Mestre", que foi atribuído ao importante místico da Idade Média tardia, Mestre Eckhart, e que os discípulos empregaram também para Jesus, deixou de existir no cristianismo. Eckehart, que como todos os verdadeiros místicos, só estava interessado na própria e autêntica experiência de Deus, teve, como muitos outros místicos cristãos – homens e mulheres –, que responder perante a Inquisição, passando a ser respeitado após sua morte.

Em oposição a isto, o hinduísmo destaca-se por uma dupla tradição. O guru passou por profundas experiências místicas, alcançou o estado do *samadhi*, e passa adiante sua experiência – analogamente ao *roshi* no zen e aos místicos do cristianismo. O *pandit* é o teólogo, que interpreta cientificamente os antigos textos e os elabora intelectualmente. Na Índia, seu prestígio é bem menor do que o dos gurus, que nos seus centros religiosos – os *ashrams* – há muitos anos atraem pessoas do mundo inteiro.

Muitos caminhos da ioga também são conhecidos no Ocidente, como, por exemplo, a *bhakti-ioga* – a amorosa entrega a Deus –, ou a raja-ioga – um caminho de exercícios que passa por oito estágios. No fim se encontra o estágio do "samadhi", onde o pensamento dualista é transcendido e chega ao repouso. Os exercícios são adaptados pelo guru ao estágio de desenvolvimento do discípulo.

Para completar, serão lembradas ainda outra tradições espirituais não cristãs. No Islã existe o sufismo místico, que ensina caminhos para a união com Deus. As experiências são transmitidas através de monges – os *derviches* – e através de mestres com o título de xeique (*shekh* ou *pir*), que se organizam em comunidades religiosas. As escolas do sufismo, como todas as escolas espirituais, servem para ensinar os caminhos espirituais e para o desenvolvimento moral das pessoas.

O judaísmo conhece a cabala, como tradição mística, historicamente ligada ao sufismo.

Em sentido mais amplo, também o xamanismo, que nós podemos encontrar no mundo inteiro, pode ser contado entre as tradições espirituais. Xamanismo não é uma religião, no sentido ocidental, mas antes um conjunto de técnicas que ajudam a ampliar a consciência. Xamãs de todas as culturas sempre de novo lembram que o verdadeiro conhecimento só pode ser proveniente da experiência. Isto também todo mestre zen e todo místico poderia subscrever. Os elementos centrais do xamanismo são rituais em que elementos da religião da natureza estão associados à magia e à medicina. Formas autênticas ainda hoje podem ser encontradas entre os povos da natureza – por exemplo, na Sibéria, na Ásia ou na América do Sul, mas também entre os índios norte-americanos que preservaram sua tradição.

## 9.5 Espiritualidade no quotidiano

*São Bento, ao associar oração e trabalho (*Ora et labora*), desenvolveu um caminho exequível para a espiritualidade no dia a dia. A espiritualidade de São Bento é uma espiritualidade ligada à terra. O que* *a ela importa é tornar-se transparente para o espírito de Deus no trabalho diário. Isto, para ele, começa tratando com cuidado os instrumentos e as coisas de toda espécie (cf. Regra de São Bento 32,1). Do celeireiro São Bento exige que trate todos os bens do convento como se fossem vasos sagrados do altar (cf. Regra de São Bento 31,10).*

*Aquele que executa o trabalho semanal da cozinha deve, no final da semana, "devolver ao celeireiro os objetos do seu ofício limpos e perfeitos" (Regra de São Bento 35,10). Fica manifesto, sobretudo no capítulo sobre os artistas (cf. Regra de São Bento 57), que na maneira como os irmãos realizam seu ofício e como vendem seus produtos se revela a glória de Deus, ou então o próprio orgulho e cobiça. O que importa a São Bento é que o monge que trabalha envolva-se inteiramente com o trabalho, e não coloque a si próprio no centro, promovendo seus produtos e sobrepondo-se aos outros.*

*Pela maneira de alguém trabalhar, de conviver com os clientes e de tratar os colaboradores, São Bento sabe se ele é espiritual ou não. Quem usa seus instrumentos sem cuidado, também não respeita a presença de Deus, e também não entra em contato consigo mesmo. Este não vive a partir da fonte espiritual, mas é disperso. Espiritualidade sempre significa também concentração, cuidado e vigilância.*

*Mas a ligação entre oração e trabalho significa ainda mais uma coisa. É precisamente no meu trabalho que minha alma se revela. Na maneira como trabalho se mostra se eu estou perpassado do espírito de Deus. Quando eu trabalho de uma maneira caótica, isto revela meu caos interior. Quando meu trabalho produz um clima agressivo, ele manifesta minha agressividade íntima. Um trabalho lento e demorado muitas vezes aponta as resistências íntimas da minha alma. Eu gasto energia demais com minha própria alma, e então essa energia faz falta no trabalho.*

*É válido, precisamente para as tarefas de liderança, que no liderar eu estou sendo desafiado espiritualmente. Na minha maneira de liderar eu me confronto espiritualmente com minhas próprias emoções. Por isso é importante que as próprias emoções sejam purificadas, em vez de serem transmitidas aos colaboradores sem filtragem. No meu trabalho eu estou exercitando o desprendimento do meu ego e o envolvimento com as pessoas e os projetos. Karlfried Graf Dürckheim, que associou meditação zen à psicologia de Jung, fala do* **quotidiano como exercício.** *No quotidiano eu me exercito no trabalhar a partir do centro, e no não me deixar determinar pelos estados de ânimo do meu ambiente.*

*São Bento exige do celeireiro que justamente no trabalho ele sempre resguarde sua alma (Regra de São Bento 31,8). Pois, do contrário, com muita facilidade irá misturar seu trabalho com suas necessidades e emoções reprimidas. Quando isto acontece, nenhuma bênção pode provir do trabalho. Eu resguardo minha alma, quando pela manhã me interrogo: gosto de ir para o meu trabalho? Ou experimento uma resistência interior contra o trabalho, ou contra determinados colaboradores? Sinto-me bem no meu corpo, ou meu corpo rebela-se contra o trabalho? Todos esses sentimentos é possível que apareçam. Mas eu tenho que levá-los em consideração e esclarecê-los perante Deus, na oração ou na meditação. Eu sou responsável pela atitude interior com que vou trabalhar. Meus colaboradores muito rapidamente percebem se estou aí mal satisfeito e cheio de raiva, ou se estou com equilíbrio interior, com clareza e paz de espírito.*

*Enquanto trabalhamos na direção, nós nos encontramos com muitas pessoas – com seus pontos fortes e suas fraquezas, com suas boas intenções e suas intrigas. Manter a clareza no encontro com as pessoas e não deixar que elas prescrevam as regras do jogo, mas trabalhar a partir do espírito de Jesus, constitui um desafio constante. Mas nisto, precisamente, se manifesta a força de nossa espiritualidade. Não basta sempre voltarmos a meditar, se a meditação não modifica nossa conduta em relação aos colaboradores.*

*Alguém me disse certa vez que com Deus ele não tinha problemas. Com Deus ele podia falar bem. Mas que sentia desgosto quando ia pela manhã para o trabalho. Eu não o aconselhei a rezar mais ainda, mas encorajei-o a fazer do seu desgosto o tema de sua oração. Devia perguntar a Deus qual era o significado do seu desgosto. Seu caminho espiritual haveria de revelar-se nisto, em ele ir para o trabalho com uma atitude de calma e de aceitação interior. O desgosto muitas vezes demonstra que estamos vivendo contrariamente à nossa natureza interior, que estamos acolhendo determinadas ilusões sobre o trabalho, mas que não estamos dispostos a enfrentar o dia a dia a partir do espírito de Deus e a dizer sim à própria mediocridade e à banalidade do nosso quotidiano. Mas é precisamente na banalidade do nosso quotidiano que se comprova se nos deixamos conduzir pelo espírito de Jesus ou pelo mau espírito de nossas ilusões.*

*Dessa forma o caminho espiritual, como São Bento o entende, é um caminho para vermos nossa tarefa concreta de liderança como um desafio espiritual, e para que deixemos resplandecer nela o espírito de Jesus. Quando conseguimos isto, nossa tarefa de liderança já é um caminho espiritual. É um treinamento, um caminho para nos exercitarmos nas atitudes espirituais de clareza e de verdade, de liberdade e amplidão, de amor e tolerância, de paciência e de esperança.*

O dia a dia e as simples realizações no quotidiano são a meta de toda aprendizagem espiritual. O objetivo é o cuidado com que tudo é feito. A concentração e a dedicação à tarefa revelam a maturidade espiritual. Nos conventos zen do Japão sempre ficamos admirados com a disposição com que os monges zen varrem as escadas e realizam outros trabalhos. E sem demonstrarem nisso nenhuma pressa ou superficialismo, apenas estando inteiramente concentrados no trabalho, realizando-o com o maior cuidado possível. Quem está possuído por sentimentos negativos, ou quem se perde nos pensamentos, é incapaz de trabalhar num estilo como este. E vice-versa, o mergulhar no trabalho e o dedicar-se a uma tarefa faz parte do caminho espiritual.

## 9.6 O caminho da gratidão

Um exercício ao mesmo tempo simples e com muito sentido é a gratidão. Este exercício é espiritualidade quotidiana em sua mais pura forma. Na tradição cristã ele está presente nas orações diárias: na oração às refeições, na oração da manhã e da noite.

Este exercício pode facilmente ser intensificado quando estendido a todos os setores da vida e ao dia todo. Entre os povos da natureza, a gratidão possui importância muito maior do que entre nós. Os aborígines da Austrália, por exemplo, entendem toda sua vida como agradecimento por tudo quanto lhes acontece. Assim eles ficam admirados quando os missionários querem ensiná-los a fazer uma oração antes da refeição. Dizem: "Nós não fazemos outra coisa durante o dia todo senão agradecer".

O agradecimento modifica nossa maneira de ver. No agradecimento eu sou aquele que recebeu alguma coisa. E durante nossa existência nós recebemos quase tudo gratuitamente, como presente: a vida no nascimento, a saúde – também a que nos resta após uma doença –, o ar, o alimento, a beleza da terra... A lista não tem fim. A todo momento nós experimentamos coisas pelas quais podemos ser gratos.

Podemos passar por uma profunda experiência se nos interrogarmos: Quem sou eu, para merecer tudo isso em tal abundância? Aqui nós podemos reconhecer nosso próprio valor como filhos de Deus.

O exercício da gratidão também produz efeitos positivos no plano psíquico – no plano das experiências, dos sentimentos, do estado de ânimo. Quando eu agradeço pelas muitas belezas e bondades que me acontecem, minha consciência está voltada para estas belezas e bondades. E estes pensamentos positivos levam também a sentimentos positivos. Com isto diminui claramente a inclinação para os estados de ânimo negativos.

David Steindl-Rast, um monge beneditino dos EUA, que pratica e ensina ele próprio o caminho da gratidão, todos os dias escreve em seu diário um agradecimento por algo que até agora ele não agradeceu. Ele acha que para poder agradecer por tudo teria necessidade de várias vidas. Sua página na internet, www.gratefulness.org, com muitos impulsos sobre este tema, recebe todos os dias mais de 20.000 visitas de 60 países.

No quotidiano da liderança, sentimentos e estados de ânimo são de decisiva importância. Quem é que gosta de trabalhar com um chefe aborrecido e mal-humorado? Os estados de ânimo são contagiosos. O clima positivo que se torna perceptível com a gratidão permanente atrai as outras pessoas. A própria atitude de gratidão voltar-se-há também para os colaboradores, e levará necessariamente a uma conduta de atribuir valor a eles.

Na tradição monástica, o agradecimento – associado ao louvor a Deus por tudo quanto existe de bom na vida – é uma coisa natural. São Bento insiste com os monges que agradeçam pelas contrariedades que lhes ocorrem. Dispõe, por exemplo, que a cada um só deve ser dado tanto quanto ele necessita, e orienta a quem precisa renunciar: "Quem precisar de menos, dê graças a Deus e não se entristeça por isso" (Regra de São Bento 34,3). Na Regra de São Bento, é nas situações quotidianas em que existem dificuldades, ou em que se exige renúncia, que Bento insiste com os monges a que agradeçam e louvem a Deus. O agradecer modifica os sentimentos de rejeição e de resistência, transformando-os em uma busca pelo valor dessa experiência. Nos momentos difíceis nós temos a oportunidade de experimentar muita coisa sobre nós mesmos, sobre nossos sentimentos e sobre as outras pessoas.

---

**EXERCÍCIO**

**Gratidão pelo bem**

*Pela manhã agradeça a Deus pela noite, pelo sono, pela cama, pelo repouso etc. Agradeça pelo café, por poder dirigir-se para o trabalho de maneira cômoda e segura.*

*Novamente, e cada vez mais frequentemente, o agradecimento há de tornar-se consciente e de transformar-se em um hábito maravilhoso. O dia se encerra com um retrospecto e com o agradecimento por esse maravilhoso presente de haver vivido mais um dia.*

---

Agradecer pela comida possui uma importância toda especial. Nós assimilamos o alimento, que se transforma no corpo que nós somos. Agradeço às forças do cosmos e da terra, que fizeram com que tudo crescesse, e às pessoas, que com o trabalho de suas mãos prepararam minha comida. Agradeço também aos animais, que me dão leite, mel e outras coisas, e às plantas e animais que me servem de alimento. Que tudo isso sirva à minha vida, sirva a toda vida.

A atitude interior com que nos alimentamos influi sobre a digestão. É importante também o que nós ingerimos. O homem é aquilo que ele come. A comida limpa, como se prescreve no judaísmo, certamente tem origem nesse conhecimento.

A atual maneira de comer: "rápido – barato – bastante", está em nítida contradição com a santidade do corpo que nós somos. Essa fórmula é uma expressão do autodesprezo. A gratidão inclui a gratidão por minha condição humana, e exige também que eu cuide bem do corpo que me foi confiado. Disso fazem parte os bons alimentos. Também o preparo dos alimentos tem grande influência sobre a qualidade da alimentação.

---

**EXERCÍCIO**

**Gratidão pelo que me desagrada**

*Sempre que alguma coisa der errado em sua vida, quando perceber que ficou zangado por causa de alguma coisa, diga várias vezes "Obrigado". Pode também mencionar concretamente, por exemplo: "Agradeço porque meu colega me deixou em apuros". Ou: "Agradeço porque meu superior foi injusto comigo".*

*Repita isso várias vezes e observe seus pensamentos e emoções. Perceba o que é que aqui se torna consciente, sem fazer julgamentos. Também suas ideias e sentimentos são o que são.*

---

*A gratidão liberta-me da necessidade de me comparar com os outros e de colocar minhas aptidões acima das dos outros. A gratidão torna possível que eu me alegre com o colaborador ou com o colega pelo que foi conseguido por ele. Não tenho necessidade de o desvalorizar nem de desvalorizar-me. Meu valor nada perde quando reconheço com gratidão o valor do outro. Desse modo a gratidão liga-me ao outro. Não sou o concorrente dele, nem ele o meu. Pelo contrário, juntos nós olhamos para o que nos foi presenteado por Deus.*

*A gratidão torna possível uma boa convivência na empresa. Liberta-nos da permanente rivalidade, de precisarmos ser melhores do que os outros. Todo homem tem razão suficiente para ser grato. Eu sou grato não só pelo que me foi dado por Deus, mas também pelas pessoas que ele me concedeu – e pelas pessoas às quais ele concedeu muitos dotes que não encontro em mim mesmo. Não é necessário que eu tenha tudo em mim. É bonito poder admirar nos outros aquilo que me falta. Então eu não o invejo, mas alegro-me com a riqueza que encontro nas outras pessoas.*

*As pessoas ingratas são desagradáveis. Nunca podemos fazer com que fiquem satisfeitas. Não é fácil conviver com elas. Sempre têm alguma reclamação a fazer. E todo e qualquer carinho que lhes demonstremos é rejeitado. Essas pessoas nunca acham que receberam bastante. Gratidão, ao que tudo indica, é a condição para podermos conviver bem uns com os outros. Faz bem aos colaboradores quando eu não apenas os elogio mas também lhes agradeço por sua colaboração e pelo que eles são. E eles percebem se em mim existe gratidão ou ingratidão. Um líder ingrato deixa os colaboradores paralisados. Sentem que nunca poderão deixá-lo satisfeito. Por isso o exercício da gratidão é não apenas um caminho espiritual que me faz bem a mim mesmo, mas que em última análise serve também à colaboração na empresa.*

## 9.7 O caminho da atenção

Numa célebre história zen, um alto funcionário chega de longe para ser instruído pelo Mestre Ikkyu. Pede que lhe seja transmitida uma sabedoria que possa acompanhá-lo em sua vida. O mestre toma uma folha de papel e escreve "Atenção". O funcionário pergunta se isto é tudo. Então o mestre toma a folha e escreve: "Atenção, atenção". Aborrecido, o funcionário diz que esperava mais. Então o mestre toma novamente a folha e escreve: "Atenção, atenção, atenção".

No zen se atribui o maior valor à atenção. É um exercício que nos leva para o agora, e que em toda parte pode ser posto em prática. Comer com atenção, escutar com atenção, andar com atenção – isto é, estar por inteiro naquilo que eu faço neste exato momento. A tranquilidade das ideias, que se procura alcançar no dia a dia, encontra continuidade na atenção. Atenção, para o zen, é a contemplação no quotidiano.

---

**EXERCÍCIO**

**Comer mais devagar**

*Um bom exercício para o dia a dia é comer conscientemente, mastigar vagarosamente, saborear intensamente, procurando saber se a comida nos agrada e como.*

*Junto com o agradecimento, você fará com isso as melhores experiências. Este exercício se torna ainda mais intenso quando a refeição é feita em silêncio.*

---

O caminhar é particularmente adequado como exercício meditativo. Todos os dias nós sempre percorremos determinados caminhos. Ao caminhar, podemos voltar toda nossa atenção para a sola dos pés e conscientemente fazer com que eles sejam flexionados lentamente. O objetivo desta atenção no caminhar é estarmos espiritualmente no presente, portanto é simplesmente caminhar. No zen se diz: "Faze unicamente aquilo que fazes!"

O caminhar como "mero caminhar" significa caminhar com tanta atenção que possamos perceber nosso movimento, experimentar nosso estado de ânimo e sentir a natureza, os odores, ruídos, as cores, tudo quanto ocorre ao redor de nós. Muitas pessoas sentem seu caminhar normal como se fosse antes uma corrida. Corremos pela vida, porque queremos chegar. Chegar aonde? A vida não acontece lá – no pretenso aonde queremos chegar– mas sim no aqui. O caminho é o destino! O caminho sempre é apenas "aqui e agora".

---

**EXERCÍCIO**

**O caminhar meditativo**

*Exercite o caminhar meditativo. Comece bem lentamente: inspirar – flexionar o pé esquerdo – expirar – deflexionar o pé direito. Toda a atenção está concentrada no deflexionar e no inspirar e expirar.*

*Depois que a atenção esteja concentrada, o foco é ampliado: deflexionar – respirar – e sentir a mim próprio: meu corpo, meu estado de ânimo. No expirar eu sorrio para mim mesmo com a maior benevolência possível.*

*Depois de alguns minutos, o exercício será ampliado. Agora, além da autopercepção, deve-se perceber tudo quanto se encontra em minha presença: cores, cheiros, ruídos. No expirar eu sorrio para tudo. Inspirar – deflexionar – sentir-me a mim mesmo e sentir tudo quanto se apresenta. Expirar – deflexionar – sorrir para tudo.*

*O exercício pode ser melhor realizado em casa, de maneira muito lenta, quando ninguém me vê. Então o ritmo pode ser aumentado pouco a pouco... até chegar ao do caminhar normal.*

---

*A palavra "atenção" está relacionada com uma raiz indo-germânica que significa "pensar" e "refletir". Atenta, portanto, é a pessoa que, em tudo quanto faz "reflete" e "pensa" o que realmente está acontecendo. Não leva uma vida sem pensar, mas vive conscientemente.*

*Existem pessoas cujos pensamentos estão muito distantes daquilo que estão fazendo. Vão passear, por exemplo, mas seus pensamentos estão em outro lugar bem diferente. São Bento deseja que os monges tratem com atenção e cuidado as coisas do dia a dia, e que sejam despertos e vigilantes (cf. Regra de São Bento 31,8; 32,1-5). Pois atenção significa também estar desperto. A mística – diz o jesuíta indiano De Mello – é o despertar para a realidade. Atenção significa estar consciente daquilo que eu faço.*

*São Bento gosta de empregar a palavra* custodire. *Significa "cuidar", "prestar atenção", "vigiar", "estar consciente". Dos instrumentos da arte espiritual faz parte "vigiar" as próprias ações (Regra de São Bento 14,48). Para a tradição beneditina, a atenção passou a ser o exercício espiritual por excelência. Aplica-se à língua, que muitas vezes fala impensadamente, e com isto ocasiona desgraças. Nós ficamos perturbados porque dissemos coisas que preferíamos haver guardado para nós mesmos. Porém no monaquismo, é sobretudo a atenção aos pensamentos e sentimentos, às emoções e paixões, que precisamos assimilar. A atenção é um exercício presente em todas as tradições espirituais. Ela mostra que a espiritualidade nunca é uma coisa estranha ao mundo, mas significa conviver cuidadosamente com o mundo.*

---

**EXERCÍCIO**

**As três virtudes no caminho do espírito**

*A espiritualidade no quotidiano se manifesta pela maneira e pela atitude com que fazemos as coisas.*

*A espiritualidade do quotidiano pode ser exercitada antes de tudo por essas três virtudes:*

- *Gratidão;*
- *Humildade;*
- *Disciplina.*

*O dia inteiro nós podemos e devemos agradecer pelos muitos presentes da vida, pelo alimento, roupa, saúde, beleza, natureza e muita coisa mais.*

*Devíamos agradecer também pelas contrariedades da vida, por aquilo que deu errado, por aquilo que nos contrariou. Nesses momentos podemos aprender a conviver com os sentimentos de desagrado. As coisas difíceis e desagradáveis ajudam-nos a apreciar melhor as coisas boas e fáceis.*

*Nas atividades de liderança, a humildade ajuda-nos a permanecermos pequenos e a não nos exaltarmos sobre os outros.*

*Disciplina, na reta medida, nos ajuda a superar nossa inércia, a sermos constantes em nosso agir e a não nos deixarmos dominar pelos caprichos.*

---

## TEXTO DE APROFUNDAMENTO

## A arte beneditina da vida espiritual

*Desenvolver uma espiritualidade e uma atitude espiritual é sempre um esforço que exige muitos passos individuais, muitas vezes difíceis. Esse caminho espiritual, além do mais, não é dado de maneira fixa, nem de uma vez por todas. Pelo contrário, constitui para todos uma tarefa desafiadora buscar e encontrar o caminho espiritual de cada um. O "desprendimento" que, segundo São Bento, caracteriza este caminho, não é praticado por causa da renúncia em si, mas sim para que nos distanciemos de nós próprios e para que tenhamos livres a cabeça e o coração para o que realmente importa na vida...*

O caminho de Bento, deste santo homem, foi um caminho das mais loucas idas e vindas, para cima e para baixo, no mais verdadeiro sentido da palavra, uma viagem aos extremos. Poderá ele realmente ser um modelo no caminho espiritual para uma pessoa de hoje? Não são belas demais as imagens, por demais heroicas, para que possamos transformá-las em realidade? Não será simplesmente impossível desfazer-se de tal forma do mundo, para em seguida se unir novamente ao mundo de tal forma? Não se abre aqui o fosso entre uma pessoa normal e um santo? Quem de nós teria condições de viver seriamente em uma caverna? Quem poderia estabelecer-se no cimo de um monte, com apenas alguns companheiros? Quem é capaz de desvincular-se tão perfeitamente da sociedade, da civilização? E será que tudo isso tem realmente sentido? Será que é isto o que o espírito quer?

As respostas a estas perguntas, em última análise, só poderão ser encontradas para si próprio por cada um. As imagens da vida de São Bento são um convite para nos pormos a caminho; são uma confirmação para continuarmos caminhando; e uma orientação para encontrarmos o caminho certo. Em cada situação da vida elas me falarão de uma forma diferente, e algumas também nada terão a dizer-me. São as imagens de um caminho que não precisa ser o meu. Elas querem fascinar-me e convidar-me a refletir sobre meu próprio caminho, e a falar com os outros a respeito disso.

Todo caminho é formado por passos. Mesmo São Bento, o "santo homem" Bento, não percorreu seu caminho de uma maneira diferente, mas sim passo a passo. Dificilmente ele sabia com antecedência o que poderia encontrar-se além da próxima curva. Se já na juventude Gregório lhe atribui a sabedoria de um idoso, isto quer dizer que Bento tinha confiança no sentido e objetivo de sua vida, que se identificava com a origem. Mas cada passo individual continua sendo uma aventura.

O caminho espiritual vai se constituindo em uma vida espiritual. Qual há de ser meu próximo passo? Terá que ser um passo extremo? E se eu não conseguir mostrar a coragem de um São Bento? O pai dos monges, como me parece, não procurou o extremo por causa do extremo, nem para encontrar o seu próprio ponto de equilíbrio, mas ele simplesmente se deixou guiar pelo seu íntimo, desta forma enveredando por caminhos que não eram os caminhos comuns, mas que por vezes – vistos de fora – eram caminhos extremos e radicais.

Ao desistir das necessidades mais fundamentais e profundas, da posse, do casamento e da autonomia, Bento encontrou o caminho para si mesmo. Para qualquer pessoa normal, isto, na realidade, é radical ao extremo. Mas não já seria muito se vez por outra limitássemos nossos esforços a essas necessidades básicas? Se renunciássemos a tudo ou a alguma coisa que vai além das necessidades básicas? A palavra usada para nos referirmos ao supérfluo é "luxo". Comer bem, beber bem, dormir bem, amar bem, morar bem – isto poderia ser suficiente, já que em nossas necessidades básicas nós nos encontramos com aquele que as estabeleceu para nós e que as pode satisfazer. Se Bento, extremado como era, até mesmo delas quis desprender-se, isto só podia funcionar por algum tempo. Ele voltou para a sociedade, começou novamente a alimentar-se, a ter residência, a vestir-se. Não é qualquer um que pode e que deve seguir um caminho extremo como este.

Bento nos mostra o caminho que serve a um princípio ao mesmo tempo simples e exigente: deixa tudo, e tudo ganharás de presente. Ou: o que deixaste, hás de receber de volta de uma maneira nova, onde não precisarás mais ter, mas poderás ser. Ou: entrega-te a Deus, e serás acolhido por ele como és. Ou: nada se perde, por isso tudo podes deixar.

Não é nova esta interpretação da vida de São Bento. Gregório brinca com este pensamento, quando pondera nos diálogos sobre

Mateus 16,19: "Tudo que ligares na terra será ligado nos céus, e tudo que desligares na terra será desligado nos céus". O ligar e desligar une céu e terra. Mas ao mesmo tempo os separa entre si. Bento está desligadamente ligado ao céu, e toma o céu como princípio de ligação para sua vida na terra. O tema do ligar e desligar sempre volta nos diálogos: Bento junta as partes separadas da peneira da ama, une lâmina e cabo da foice, faz seu discípulo andar sobre a água, solta as algemas do camponês unicamente com o olhar.

Mas o que nos parece esclarecedor não é unicamente o princípio de "ligar e desligar", apresentado por Gregório. Úteis para o caminho são também os vários temas de vida que ele menciona neste contexto: De que se desliga o homem espiritual no seu caminho, e a que se liga? Pai, mãe, comunidade de fé, civilização, posse, sexo e poder. Por trás de tudo isso podem ser enxergadas as dimensões humanas gerais, mas pelo menos elas são apresentadas por Gregório de uma maneira original, e postas dentro de uma sequência. Para quem não passa um dia a ser um tema a relação com o pai, e também com a mãe? Quem não precisa algum dia definir sua relação com a sociedade? Talvez a declaração de renda o leve a refletir, ou talvez a escolha do jornal que lê todos os dias, ou o meio de transporte que usa.

Na minha opinião, normalmente se desenvolve também uma relação com a religião, e com a forma organizada de religião. Aquele que se decidiu por essa direção e que se sente como parte de uma igreja, de uma comunidade de religião ou de fé, só poderá ser um membro completo dessa comunidade se ao mesmo tempo se reconhecer como indivíduo e como distinto do corpo completo. Quem não fizer isto, ver-se-á colocado numa seita, e não numa verdadeira comunidade de fé, numa igreja.

WILDE, M. *Der spirituelle Weg* Münsterschwarzach: Vier-Türme-Verlag/, 2001, p. 88-92. [Münsterschwarzacher Kleinschriften 130].

# Conclusão

As pessoas perfeitas atuam de forma desumana sobre o ambiente. Na perfeição o desenvolvimento deixa de ocorrer, já que não existe mais nada a ser desenvolvido. Nossa imperfeição torna-nos humanos, e nossos erros tornam-nos humanamente amáveis, quando os admitimos. A perfeição pode ser verdadeira quando referente a uma obra isolada, mas as pessoas nunca são perfeitas.

Também na liderança não se trata de querermos ser o líder perfeito. Trata-se de nos pormos a caminho para treinar o próximo passo. A liderança começa pela própria pessoa. Liderar os outros começa com a liderança de nossa própria vida.

*A todos os leitores e leitoras nós desejamos que as ideias contidas neste livro nao lhes provoquem má consciência, mas despertem-lhes um novo prazer em liderar. E desejo-lhes que encontrem seu próprio caminho espiritual, o caminho que os conduza à vastidão e à liberdade, ao amor e à atenção, e que lhes permita haurir da fonte interior que jamais se esgota, porque é divina. Então o conduzir nunca irá transformar-se numa sobrecarga, e sim num caminho para crescermos humana e espiritualmente.*